TO：李　總監　再星兄：

曾志朗
筆談

民國111年（2022）
6月21日

驚豔
阿塱壹

琅嶠—卑南古道

—— 曾宏泰 著 ——

羊仔溪的
日本樹蛙

啥!阿塱壹竟然有這麼特殊
的自然景觀!!

奧氏後相手蟹,
兩眼中的黃色橫線,是其特色。

自序

　　早年在電器界服務了近三十年，有好幾次被電得差點扭曲變形兼面目全非，因此在退休後，也是興趣的關係，便轉為投入解說行列，目前是恆春半島與阿塱壹的解說員之一。

　　在恆春半島，我解說的項目是鮮為人知的私房景點與故事，以及夜晚的星空（如何找星座與解說星座故事）。到目前為止，走阿塱壹已超過千餘次，每次都會注意一些較獨特的地景或生態，並在解說中特別提出，讓遊客在體驗古道之餘，能增添許多額外的樂趣，更為了讓所有的遊客都能深度體驗阿塱壹的特色，不敢藏私，願將我所發現的東西全部公開，與眾人共享，希望大家在走阿塱壹時，除健身外，還有其他超值的收穫。

　　本書在介紹古道的生態或景觀時，絕不用學術性的教科方式來做論述，會把讀者當成一般遊客，像在帶團一樣，用解說與互動的方式，將全程分十五段來帶領大家去深入體驗，每一段都具有它獨特的生態與景觀，本書會一一詳加介紹。為加強效果，在敘述上，會把實際發生以及自己虛構的故事，適時加入解說中，增添趣味性，讓讀者加深印象，進而激發全員對古道的愛護與保護之心，這是我最大的期望。

準備啟程

　　阿塱壹古道，或許應該稱為「琅嶠—卑南古道」之阿塱壹段。琅嶠，是恆春的舊名，是原住民語，意思是台灣蝴蝶蘭或鯊魚，也有說是指銀合歡，已不可考，之所以會改名為恆春，乃清同治13年（1874），清朝指派欽差大臣沈葆楨來台處理牡丹社事件，結束後，見瑯嶠四面環山，地勢雄偉，攻守皆宜，故奏請同治，准予築城。

　　建城之際，時值臘月（農曆12月），接近春節，沈葆楨感到氣候涼爽，完全沒有內地風雪交加的冬季景象，四季如春，因此改琅嶠名為恆春，「嶠」，發音不是「橋」，而是「轎」，但是如果和上面的琅一起唸，發音必須標準，琅是二聲琅，不可唸第三聲，否則像在罵人，如果因為發音不標準而被揍，與我無關，請別找我算帳。

　　而卑南是台東的舊稱，牡丹社事件後，清廷積極治台，修築多條通往宜花東後山的道路，琅嶠卑南道就是其中之一。

　　記得小時候，在高雄讀書，只要回滿州家鄉，先祖母會把我叫到面前，講述她小時候，被先太祖用牛車載往台東工作的故事，當時台東是魚米之鄉，像關山或池上，米的品質非常棒（現在也是），所以許多恆春區的人，都會走琅嶠卑南道到台東去工作，然後換工資或米回鄉。還說要看到八個太陽與七個月亮（八天七夜），才會到工作地點。 先祖母講到一時興起，還會唱起滿州民謠「守牛調」，來抒發當時的甘苦談，「守牛調」的歌詞是：「要去台東賺銀票，慢了一步賺不到，想要回鄉怕人笑，姑不二張（無可奈何）讓人邀（入贅）」。「要去台東吃粒飯，誰知台東大饑荒，包袱雨傘款（整理）來返，返來滿州較久長」。當時聽到這首歌，完全無感，現在想起來，還真有點心酸。所以，舉凡要往來東西部，不論是

做生意、工作或是躲債跑路，都使用琅嶠卑南道，久而久之，便發生了許多故事，讓古道多了好幾個外號。

首先，由於來往的人多，當時又沒有工廠或公司，賺錢不易，有人便選擇當山賊，在這段路上佔山為王，只要有人路過，便一窩蜂出來行搶，後來這段路，就被稱為「噤聲之道」，也就是要過這段路，千萬別嚷嚷，閉嘴快通過，以免山賊聽到人聲而出來搶劫。

再來，古代的婚姻一定要經過父母之命或媒妁之言，沒有自由戀愛這回事，有許多男女，因為父母或媒妁所介紹的對象長相很特殊，不是牛頭馬面就是尖嘴猴腮，所以就挑戰傳統，硬要自己擇偶，但自由戀愛在當時並不被祝福與承認，甚至會被抓回去毒打，所以就相約私奔，而私奔的地點，當然越遠越好，所以就選擇琅嶠卑南道，私奔至台東或花蓮，後來這段路就被稱為「私奔之道」。

清朝時期，一些反清復明的抗清事件層出不窮，最嚴重的有三件，其一為朱一貴「鴨母王」事件，其二為林爽文事件，其三為戴潮春（戴萬生）事件，當然最後都失敗了，主將被逮捕行刑，部屬則四處逃難，有一些選擇琅嶠卑南道逃往東部，後來這段路，有人便戲稱為「逃亡之道」，清軍也經由這古道去追捕餘黨，稱這條稱為「行軍道」。

當然，還有其他許多的軼事，但限於篇幅，列舉以上三件，來說明琅嶠卑南道在古代的重要性，而琅嶠十八社的總頭目潘文杰，也帶過法國工程師泰勒，走琅嶠卑南道來勘查古道的狀況，可見這條古道在過去真的是很重要的通道。

各位猜猜，目前這條古道的外號是甚麼？......蛤！美麗之道！吃苦步道！走不知路步道！大家可明瞭，為何這條古道要叫阿塱壹？據民間搞笑的版本，認為這條古道雖然難度不高，但熱度很高，尤其在七或八月的

時候，走阿塱壹和走在烤箱裡簡直沒兩樣，當解說員帶團時，走到需要解說的地方，回頭一看，發覺後面的團員都沒跟上，只剩一位而已，便很驚訝地喊道：「阿郎咧（人呢）！怎麼只剩一位！」後來，這古道就稱為「阿塱…壹」囉。

現在，這條古道的外號稱為「哭泣的海岸」，因為古道上有許多段的礫石海岸，當海水把礫石往上推，再往下拉之際，會有許多石頭相碰撞，發出「喀拉！喀拉！」的聲響，一些健行登山客覺得好像海在哭泣，而台東名歌手張惠妹還唱了一首「聽海」，要大家去聽聽海哭的聲音，因此這條古道的外號，就被稱為「哭泣的海岸」。

只是，我走古道已千餘趟，聽石頭的撞擊聲也很熟悉，再怎樣都不覺得「喀拉！喀拉！」是哭泣聲，請問，全世界有誰的哭聲是「喀拉！喀拉！」的？應該都是「嗚～～嗚～」吧！

如果要說這是哭泣的海岸，只有一個合理的解釋，那就是阿塱壹是一條不歸路，必須南進北出或北進南出，不走回頭路，而車輛在放遊客下車後，就直接開走，到對面去等遊客。有一些遊客，可能是看網路、看電視或看朋友的相片，覺得風景很美，想要自己來體驗，殊不知，俗諺有云：「不經一番寒徹骨，怎得梅花撲鼻香。」要看到相片上的美景，必須要累到懷疑人生的境界，才能親眼目睹。部分體力欠佳的遊客，走到已經想要放棄人生了，只是，想回頭，沒車！要前進，沒力！只好坐在海邊哭泣，所以「哭泣的海岸」，用這樣來解釋，就完全合情合理，大家認同嗎？請大聲說：「認同！」

介紹完古道的一些雜事，現在，就要正式進入解說主題囉！

要進入阿塱壹，如前述所言，有南端（屏東縣牡丹鄉旭海村）與北端（台東縣達仁鄉南田村）兩個入口，如果旅遊路線許可的話，建議春秋冬三季，由北端進入，因為這兩個季節會有東北季風（每年九月至隔年四

月），若由北端進入，會順風而行，走起來較不累，而且終點就是旭海村，若水喝光了或肚子餓，可在就近的商店解決。而夏季是吹南風或西南風，當然就建議由南端進入比較順風，只是終點的停車場是不見人煙之處，同樣若水喝光了或肚子餓，則必須等大家到齊後，驅車到南田村或安朔村的商店去解決囉！

　　　若以制高點將古道區分南北段，南段是解說題材（生態與景觀）最豐富的路段，幾乎佔全程古道的 70% 以上，而北端則是風景最美（居高臨下）的路段，一般介紹阿塱壹的相片，大都以制高點往南田海岸（北端）拍攝的景觀做代表。

　　　所以，隨我同遊阿塱壹的好友們，這次我們就選擇由南（旭海）往北（南田）的路線，一路靠北走（發音要正確），來進行體驗，先認識和解說古道的生態與景觀，最後進入佳境，讓耳根清靜，敞開胸懷，用鼻子先深呼吸，然後用眼睛來欣賞畫一般的美景，後進入台東南田，完成一趟深度的古道之旅。

　　　現在，就請隨著我，一齊來同遊和聽我解說阿塱壹的生態與獨特景觀，您將會很驚奇的發現，台灣竟有這麼美麗又如此深具特色的地方。

準備啟程：

　在旭海溪旁，有大巴停車場，也有涼亭與公廁，更是古道南端的起點，大家就先上完公廁，整裝待發，準備上路囉！

停車場旁的涼亭

停車場公廁

　　出發前，還是得叮嚀注意事項，以免違規被罰，由於阿塱壹是自然保留區，和一般的登山路線或觀光區不同，所以規定也特別嚴格，例如：保留區內禁煙火，所以不能炊煮與抽菸，垃圾必須自己帶出來，最重要的是，嚴禁撿石頭，若被檢舉或抓到，除了罰款（3-15 萬罰鍰）之外，還會被移送法辦，大家猜猜可能被判甚麼刑？竊盜？侵占？我個人認為應該是「妨礙風化罪」，原因是：石頭在海邊自然風化，你一旦撿拾帶回家，就是妨礙石頭的自然風化，當然就犯了「妨礙風化罪」囉。由於保留區內的規定

條文琳瑯滿目，說完太陽都下山了，所以各位好友只要記住三點就好，第一：不是保留區內的東西，不要留下來（足跡除外）。第二：是保留區內的東西，不要帶走（有其他的垃圾除外）。第三：有任何問題，請立即向解說員反映，雖然解說員也不一定會幫得上忙，但至少會搖旗吶喊，精神鼓勵你，記住這三點，我們就可以出發了。

第一段　陽光步道

　　離開停車場，過旭海溪橋先進入陽光步道，可遠眺太平洋與旭海漁港，溪畔不時會有水牛駐足，在成群的灰色水牛中，會出現幾隻不同顏色的白水牛，大家都戲稱，水牛剛出生，都是白色的，因為旭海太陽大，所以長大後，就會被曬成灰色的。

過旭海溪橋，準備走陽光步道。

陽光步道前，有時會有牛擋路。

旭海溪畔，圍城警戒的牛群。

白水牛

被曬黑的白水牛

在春夏季，常常會看見白鷺鷥漫天飛翔的景觀，好一幅與世無爭的鄉間景色，讓人還未進入古道前，心情就先舒爽了一大半。

步道旁白鷺鷥成群飛舞

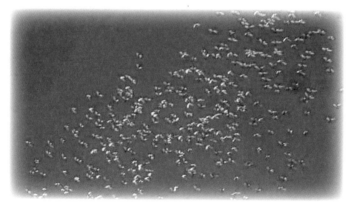

漫天飛舞的白鷺鷥群

進入步道，會先見到山芙蓉，它的花色一日三變，早上偏白，正午微紅，黃昏暗紅，有人說這叫「一日三醉」：早上還沒喝，較白，飲到中午，微紅，喝到晚上，大紅，然而，芙蓉花只有一天的壽命，到半夜它就離枝墜落了，故有詩頌曰：「一日三醉山芙蓉，早上起床展笑容，中午不怕日頭烘，暗暝陪你入夢中。」但有些山芙蓉一大早就微紅甚至深紅，莫非從前晚就一直喝到早上？當然不是，這是品種不同的緣故，而山芙蓉更是早期原住民很重要的指標性植物之一，只要看到山芙蓉開花，原住民就會開

始去抓螃蟹，因為山芙蓉一般都在秋天開花（氣候變遷，有時在夏天竟也可以看到芙蓉花），而秋天的螃蟹是最肥美的，故當地有「芙蓉開，秋蟹肥」的諺語。

三醉芙蓉

微醉（紅）芙蓉

　　離開山芙蓉，踏上草地步道，遠方映入眼簾的，就是旭海漁港，目前沒在捕魚，已轉型成社區的活動之一，帶領遊客搭船與體驗撒網捕魚的樂趣。

遠望旭海漁港

　　繼續前行於陽光步道上，在這裡請暫停一下，讓大家見識見識大自然可怕的威力！各位好友，見到躺在溪畔的那撮竹叢嗎？在竹根旁並無洞孔，可見它並不是在原地被風吹倒的，而是從別處被移過來的…那麼，是甚麼力量可以把這麼重的竹叢移到溪邊來呢？

從別處被移到旭海溪畔的竹叢

　　民國105年（西元2016）10月20日早上九時許，我由滿州前往旭海，準備與遊客會合，在轉過港仔漁港時，驚見旭海與蘭嶼間的海面上，出現海龍捲，正朝著旭海的方向前進，如此壯觀的景象，還是第一次見到，所

以拍完照後便迅速往旭海方向追風去，只是當我趕到旭海時，海龍捲已登陸掃過旭海，消失得無影蹤，但龍捲風經過之處，一片狼藉，停車場旁的某間民宿，有幾輛重達好幾噸的露營車，被捲到圍牆外，旭海居民的園寮，更是東倒西歪，猶如飛彈炸過一般，而這撮竹叢，就是被海龍捲由海邊捲到溪畔來的。

從港仔遙望旭海，即將變天的牡丹灣。

驚人的海龍捲

露營車原來的位置

被捲到牆外的露營車之一

被捲到牆外的露營車之二

　　常言道「人定勝天」，我倒是覺得，勝天又如何？老天一發怒，全村會滅絕，大家與自然保持和平共存，不是很好嗎？

　　見識到大自然的威力後，繼續向前行，可看見圍籬上開滿了白色的花，這是園藝上觀賞用，氣味蠻芬芳的木犀科植物「厚葉女貞」，走過女貞圍籬旁，一股清香隨風迎面撲來，令人精神大振。

步道旁的厚葉女貞

　　再繼續前行，只見兩旁有為數眾多，類似松樹的防風性植物「木麻黃」，大家應該對它不陌生，但比較難得一見的是…你見過木麻黃開花嗎？木麻黃的花是甚麼樣子？細細欣賞木麻黃那紅色的小花，長相還滿討喜的。

木麻黃的花與果

　　木麻黃大都屬單性花，雌花是腋生，雄花則是頂生，在臺灣是引進的外來種，恆春半島曾經種植相當多種的木麻黃，大多是雌雄異株，雌雄同株的木麻黃較少見。

木麻黃的雌花，長在樹枝腋下。

木麻黃的雄花，長在樹枝頂端。　　　　　　　　　　變成果的雌花

　　然而，在春夏兩季，因為蜜蜂的遷徙，有時會在陽光道的木麻黃樹上築巢，萬一必須路過，請記住一定得噤聲快速通過，既使有蜜蜂在頭上飛，千萬別驅趕牠，快速離開牠們的領域即可，否則牠會回去叫一大群的「兄弟」過來，萬一你還在牠們的領域中，有可能會被叮得滿頭包，不必苦修，就可以立刻成為「佛祖」了。

木麻黃樹上的蜂巢

可以看日出的陽光步道

　　走到了陽光步道盡頭，有座古色古香，充滿部落風格的陽光木橋，在城鎮都市，建設就是建設，除了應有功能外，就只有造型而已，但在原民部落，建設除了功能與造型之外，還融入了當地的文化與典故，這座陽光木橋就是代表作之一。

步道盡頭的陽光木橋

　　各位觀眾，請好好看看這兩旁橋柱的圖案，最上面是太陽圖騰，再來是菱形圖案，然後是人物（左男右女），腳下有兩顆蛋，由百步蛇包圍保護，這些圖案，代表著哪些涵義呢？

陽光木橋左右兩邊，有排灣族的文化藝術。

木橋之左方橋柱，是為男柱。

男柱特寫（女柱就自己用放大鏡看）

木橋之右方橋柱，是為女柱。

　　屏東縣牡丹鄉為原住民鄉，以排灣族居多數，其來源的說法，有太陽蛋與百步蛇蛋兩種，太陽蛋的說法是：排灣的祖先是太陽神，生下兩顆蛋，由百步蛇守護，故祖靈是太陽神，百步蛇是守護神，兩顆蛋孵化成一對男女，繁衍至今，是為排灣族的由來。而百步蛇蛋的說法，是兩顆蛋都由百步蛇所生，也由百步蛇守護，所以祖靈與守護神都是百步蛇，因此在排灣部落裡，常見有圓形（太陽神）與三角形的圖騰，那是百步蛇身上的花紋。那請問各位，在太陽圖騰底下那一排菱形的圖案又代表甚麼？如果猜不著，千萬別亂猜，說那是兩隻百步蛇的合體…注意看，那菱形的位階蠻高的，是在太陽神底下而已…猜中了嗎？菱形代表太陽神祖靈之眼，永遠在天上守護著祂的子民。

祖靈之眼

　　如果您參訪原民部落，必會發覺，他們的牆壁，是畫板，他們的柱子，是藝術品，所有的建物，幾乎全充滿著文化與傳說的圖案，看看這座陽光木橋，簡單的幾個圖騰，就把他們的來源與傳說，作了完整地敘述，原民果然是天生的藝術家。

　　但是現在，陽光木橋以隱沒在鐵橋旁，雖然還可以一窺早期木橋的遺跡，但已被鐵橋所取代，功成身退了。

現在的陽光鐵橋，木橋已隱沒在鐵橋兩旁。

　　過了陽光鐵橋，不禁想請教各位一個問題：「我們古代稱呼日本是甚麼國？」別告訴我說是「太陽國」，也別說是「倭寇」。甚麼！老師沒教！上課愛打瞌睡，還怪老師沒教，這個我國小就會了，以前稱呼日本為「扶桑國」，扶桑又是甚麼？請往右看，就是這種花，是為名叫「朱槿」的紅花，一般較常見的是花瓣只有一層的單瓣朱槿，還有一種比較少見，花瓣層層疊疊，有如樓房的「重瓣朱槿」，在旭海，這兩種朱槿都有，而且還長在一起，以方便遊客觀賞。

只有單瓣的朱槿

多層花瓣的重瓣朱槿，酷似富貴花「牡丹」。

朱槿圍籬

單瓣與重瓣朱槿，相互為鄰。

　　在台灣，朱槿一般只種在室外當圍籬，不會種在室內或庭院，因為朱
槿的別名「扶桑」，這個「桑」字發音不受人喜愛，如果把朱槿種在室內，

每天開門就見桑（別音），似乎不吉利，故而台灣有句諺語：「前不種桑，後不種柳，中庭不種斷頭花。」不種桑的原因，如前述，是因為發音之故。後不種柳的原因，乃源自於台灣認為柳樹屬陰，所以一般都拿柳枝當招魂用，柳樹種在家裡，似乎會招魂，所以不種柳。至於中庭不種斷頭花，這個斷頭花屬茶花的一種，當開到正茂盛時，便直接斷落，不經過慢慢枯萎的階段，好像斷頭一樣，猶如家庭的事業正旺盛時，就無緣由地家道中落，瞬間由天堂掉進地獄，所以也不種茶花。

台灣常常把各種植物的名稱與特性，和人事作連結，然後便產生許多千奇百怪的禁忌，生為台灣人，不可不知，以免觸犯到別人的禁忌而產生不必要的麻煩。

記得小時候，在寒暑假回到故鄉，會找一些隔壁的玩伴，到山邊或溪邊玩，到中午肚子餓，也不想回家，會找一些山裡的野果，例如土芭樂或野薑花瓣來吃，而朱槿的花，其底部是甜的，遇上我們這群小毛頭，所有的花瓣幾乎無一倖免，通通被我們採光吸光，那時就覺得奇怪，為什麼花的屁股是甜的，人的屁股卻是臭的。

好！陽光步道到此算告一段落，但是如果您們是由台東南田走向旭海，就必須在陽光步道的出口左轉，逆向走陽光步道到大巴停車場，若是錯過陽光步道的出口而直走也可以，但到達旭海分駐所一定要左轉，才能到達大巴停車場，否則就會進入旭海社區，找不到您們的大巴囉！…好吧！好人做到底，現在就附帶介紹旭海分駐所的另一條道路讓您們做參考，以備不時之需，萬一有人走過頭，就可以做指標性的參考，一樣可以找到大巴停車場。

往旭海停車場，要在這裡左轉。

附帶介紹

　　由大巴停車場要進入旭海街道，若不走充滿故事性的陽光步道，也可以選擇走大馬路，在經過旭海分駐所時右轉，一樣可以到達朱槿圍籬（陽光步道出口），進入旭海街道，途中，在柏油路底下，可見識到生命力特強的小草，穿透馬路而出，令人對這看似軟弱的小草，產生敬畏與崇拜之心。

生命力特強的小草，竟能穿透柏油路而出人頭地，故名為現代版的「出草」。

　　在分駐所的路口，有註明保留區的木圍牆，這裡可以拍團體照，以留存證。分駐所旁，有隻大龍蝦的招牌，顯示旭海往昔也是捕抓野生龍蝦之漁港，路旁的擋土牆，繪有早期居民生活的圖畫，駐足細細觀賞，好像又回到古代，也能體驗出當時生活的樂趣。

可供拍團體照的木圍牆

分駐所旁的大龍蝦

擋土牆上的古生活彩繪

　　而在擋土牆的彩繪圖裡，有一幅頗令人玩味又佩服的畫，只見畫中有兩位頭目，彼此都戴著口罩，似乎在告誡族人，未來會有病毒肆虐，希望族人要戴口罩，才能保護自己，不愧是先知啊！！啥！那不是口罩！是頭目在喝交流的友情酒（連杯酒）！…。啊！對耶！是我看錯了！抱歉！

酷似口罩的連杯

　　繼續往朱槿圍籬前行，會經過旭海的三角公園，公園旁的擋土牆，同樣有彩繪，記錄著琅嶠卑南道「阿塱壹」的沿途景點，進入古道前，不妨先了解要走的各景點，然後再親自走一趟，感受會特別深刻。

三角公園旁的景點彩繪

景點彩繪全景

　　目前的三角公園上，造了一座形狀特殊的建物，當地人說，那是旭海衛生所。

目前在三角公園上，建造了衛生所。

　　OK！過了三角公園，就到朱槿圍籬，過了朱槿圍籬，便結束陽光步道或分駐所大道，要正式進入旭海街道囉！…

第二段　旭海街道

　　旭海街道，整段都屬柏油路段，是最好走的一段，路的兩旁，由居民所種植的各種植物，有許多頗具特色的品種，也算是當地居民送給遊客的額外禮物。

　　路過第一家旭海老村長（現今是牡丹鄉代表）開設的東海商店，在店旁的空地，有一顆長相奇怪的「鳳梨樹」，一般所見的鳳梨，都是長在地上的葉子中央，這棵卻是長在枝頭上，所以特別顯眼。其實它也是鳳梨科的植物，屬於觀賞用，因為鳳梨的閩南語發音叫「旺來」，它的果實又是開在最高點，有「旺到最高」之象徵，意義非常吉祥，所以深受園藝界的喜愛。

一般鳳梨的長相

（枝頭鳳梨）的討喜樣

　　在鄉代的商店屋簷下，有品質極優的百香果樹，名為滿天星，因為果皮上長滿了無數顆的小白點，像極了天上的繁星，故名之。

滿天星百香果

　　其他尚有許多特殊的外來種植物，例如：紅花閉鞘薑（狀如寶塔，又名紅花寶塔薑），沙漠玫瑰…等。

紅花閉鞘薑（寶塔薑），花果又酷似響尾蛇的尾巴，又名紅響尾蛇薑，盛開的花果，像天氣一樣粉火熱！似乎在勸導遊客多喝水！

沙漠玫瑰為夾竹桃科，全株均含有毒質，乳汁的毒性最強，屬於植物界的「蛇蠍美人」！

　　過了老村長的東海商店，左邊有戶人家種了一顆在南部（尤其是恆春半島）特別常見的樹種，這種樹的果實像甜柿子，但表面上長滿了細毛，故稱為毛柿，成熟時香氣濃郁，可食用，味甜，但若在半成熟時食用，味道較苦澀。樹幹成黑色且堅硬，所以別名稱為「恆春黑檀木」，日據時代常用來製作成槍托或木劍，在恆春區，一般家裡都會種幾棵。記得小時候，如果有老人家背部癢卻因為手骨頭僵硬無法抓癢，當時又沒有「不求人」可當抓癢工具，村裡的長輩常會赤裸上身，將背部靠在毛柿的樹幹上，身體上下左右地來回磨擦，因為毛柿的樹皮凹凸不平，剛好就成了長輩們的抓癢工具「不求人」，看他們一副享受的表情，似乎超舒服的，而動作忽上忽下，四處扭動，又像極了目前的「鋼管舞」，所以我每次懷念長輩時，總會去看鋼管秀來解思念長輩之情，不懂的人還以為我色心太重，真是誤會我了。

恆春最常見的毛柿樹

毛柿果，與甜柿相像但皮上有細毛。

　　繼續向前行，甚麼都不驚，在另一家雜貨店前，會看見一棵在恆春與離島較常見的稀有喬木「蓮葉桐」，屬海漂植物，果實（苞囊）遠觀酷似蓮霧，所以常被誤認是蓮霧樹，但其果實卻有皮有種子而無肉，果實底下（苞頂）有圓洞，可看見種子在無肉的果實內，由於洞口比種子小，所以種子不會掉出來，而種子在果實內轉動時，會有「鍋落，鍋落」與表皮的碰撞聲，所以有人戲稱蓮葉桐為「鍋落樹」，又因葉的表面有薄蠟，所以植物界也稱為蠟樹。蓮葉桐的繁殖力不強，生長地只在珊瑚礁岩一帶，所以無法向外擴張，種子具有毒性，是製成瀉藥的原料之一，但由於含有油質，可提煉用來當作肥皂、橡膠代用品原料，其樹液也可用來當脫毛劑。

路旁高大的蓮葉桐

蓮葉桐遠觀酷似蓮霧

蓮葉桐近觀，其苞囊有子有皮卻無肉。

掉在地上的蓮葉桐果實「那是作者的手」

　　在蓮葉桐樹附近，有一隻真實版的「加菲貓」，就在路邊迎送來訪的遊客，有人問我：「加菲貓不是土黃色的嗎？這隻怎麼偏黑色？」各位看倌，這裡是旭海，「旭」字怎麼寫？是不是「九」再加上「日」？也就是說，這裡有九顆太陽，異常炎熱，所以土黃色的加菲貓，就曬成了黑色…非常合理的解釋！不是嗎？

旭海真實版的加菲貓

被曬黑的加菲貓

在飛魚季節裡，旭海居民會和蘭嶼一樣，出海捕飛魚，然後在家裡的屋簷下或海邊空曠處，曬飛魚乾，這也是旭海的季節性漁村景觀。

曬在屋簷下的飛魚

曬在海邊的飛魚

　　有些住家會用台灣野牡丹來當圍籬，夏季正是野牡丹的盛開期，家被野牡丹花所包圍，增添許多幸福感，令遊客駐足又流連。

台灣野牡丹

　　在野牡丹叢中，有幾棵仙人掌正開花結果，當地人會把仙人掌果當飲料或入菜，是當地風味餐的食材之一。

仙人掌果，有一顆已被摘掉。

垂涎欲滴的仙人掌果

　　漫步街道中，在漁港前，有戶人家種了幾棵銀葉樹，這種樹是因為其葉背成銀色而得名，較特殊的是，這種樹屬於高大的喬木，卻又是淺根植物，樹高又根淺的喬木，很容易倒塌，所以銀葉樹為了穩定樹身，便發展

成板根狀態，每一條根部都形成木板狀，猶如曬衣架的底部一般，而樹的年紀愈久，板根會愈大，最有名的就是恆春森林遊樂區內的「銀葉板根」，它的板根竟可長成跟人一般高，非常壯觀…而銀葉樹的果實，因為形狀特殊，常被拿來當作手工藝品的材料，最常見的，就是當貓頭鷹的身體，甚至做成貓頭鷹狀的鑰匙圈，很是討喜。

墾丁森林遊樂區的（銀葉板根）

旭海居民所種植的銀葉樹

銀葉樹的果實

由銀葉樹的果實，所做成的貓頭鷹鑰匙圈

　　以上稍微介紹旭海街道的植物與動物，是否讓您有大開眼界？走在旭海的街道上，建議各位最好是到處東張西望（放心！旭海居民都很純樸熱情，不會因為你瞄到他，就對你暴力相向），因為可以發現到不少特殊的植物與人文。現在，請大家跟著我，再一起來發現旭海的奇妙植物與文化人情。

　　街道的半途中，在左邊會看到有竹籬笆圍起來的菜園，園內靠牆處，有株長滿小顆紅黑相間果實的「桂葉楊梅」，當花果成熟時，紅花當臉，黑子當米老鼠的雙耳或眼睛，各位覺得像米老鼠嗎？

圍籬內的桂葉楊梅樹

楊梅果近拍，像米老鼠嗎？

圍籬內的稻草人？應該說是「臉盆人」

　　在接近旭海漁港的右邊，有鐵相框提供遊客拍照，背景是「牡丹灣」，遊客在相框後面拍照，拍完就是一張不用再修飾的牡丹灣風景照，只是，拍完後別直接從相框內走出來，尤其是長髮的女性同胞，否則被誤認是貞子由電視機內走出來，嚇到其他人就不太妙囉！！

牡丹灣的鐵相框

站在相框後拍照，就是一張美照。

拍完後，別像貞子一樣走出來。

　　時自今日，公部門又將鐵相框美化，把一些海上廢棄物之浮球彩繪，掛在鐵相框四周，又在旁邊建了彩虹鐵環，象徵旭日東昇，也成了過往遊客爭相拍照取景的地點。

美化後的鐵相框

鐵相框後的彩虹鐵環

彩虹鐵環的正面，層次分明。

　　目前，在相框的海邊，又建設了頗有原民味道的竹圈與鞦韆，讓遊客能體驗在山海交錯的地方盪鞦韆的滋味。

海邊的竹圈與鞦韆

　　在旭海漁港前，牡丹公所為了讓遊客走阿塱壹後，能有較具紀念性的景觀，所以建造了介紹阿塱壹與完成証明的招牌，若遊客由台東南田方向往屏東旭海走，就可以在這裡拍見證的紀念相片。若遊客是由屏東旭海往台東南田走，由於南田端並無見證走古道的任何建設物，所以還是得在這裡先拍照存證後再走，如果大家認為，既然已拍完証明，表示活動就此結束，也可各自打道回府，只是要記得，解說費還是得付給解說員，千萬別暗槓喔！

古道介紹與完成証明石牌

拍完完成證明，就能整裝回家了。

　　再繼續往前走，忽然眼睛一亮，發現小時候所吃的那種五顏六色糖果，竟然長在樹上？這種果實像糖果，也像小皮球的濃縮版，這種植物，一般都是兩顆長在一起（當然也有三或四顆一起的，不過較少見），葉子又像菜瓜，故名為「雙輪瓜」，出生為綠色，然後呈淺咖啡色，最後是紅色，唯一不變的是白色的直紋，是很特別又美觀的植物。

美麗的雙輪瓜

成熟的雙輪瓜

四顆一叢的雙輪瓜

　　如果您是農曆春節來旭海，必會發覺，村內的毛小孩，頸部都有紅包，當地人把毛小孩當成是自家的小孩，過年一樣發紅包，並不把牠們當畜牲看，也是當地頗有人情味的文化之一。

帶有（頸上紅包）的毛小孩　　　　　　　　只要是毛小孩，頸圈就有紅包

　　繼續往古道前行，有一戶很特別的住家，門前的對聯，如果你看得懂，絕對能當國文系的超級教授。我曾問過屋主，這幅門聯如何唸？屋主的回答是：「我也不會唸，那是小孩從台北帶回來貼的，你想怎麼念就怎麼唸，因為沒這種字。」這種回答，您們認為怎樣？很隨興吧！

特殊的門聯（全景）

特殊的門聯（上聯）

特殊的門聯（下聯）

阿塱壹的石敢當

　　過了旭海街道，會經過小客車停車場，中間有一棵苦棟樹，當地都稱這裡是「苦棟樹停車場」，若仔細在週邊的樹幹或樹梢上尋覓，會發現台灣獼猴在表演「走鋼索」的特技，不但會在電線上快速行走，有時還會在樹林間跳躍。

在樹幹上的獼猴

「走鋼索」的獼猴

苦楝樹停車場

　　停車場的苦楝樹，有很精彩又不容錯過的現象，因為這顆苦楝的樹皮，常會分泌出原汁原味的「琥珀」，金黃色透明又半凝固的液體，正是加工琥珀的原料，也常有動物會被包在裡面，電影「侏儸紀公園」的恐龍，就是由琥珀的恐龍 DNA 所培養出來的，若錯過苦楝的原生琥珀，這趟古道之行，就少認識了一樣寶物，煞是可惜。

苦楝樹上的琥珀

　　苦楝樹除了有琥珀外，也有機會看到熊蟬在樹幹上吱吱叫，台灣有四種熊蟬：紅脈熊蟬、高砂熊蟬、台灣熊蟬和蘭嶼熊蟬。前三種蟬分布於台灣本島，蘭嶼熊蟬為蘭嶼島特有種。現在看到的是台灣熊蟬，叫聲為尢、尢、尢之連續短聲音，聲調低沉宏亮。

苦楝樹上的台灣熊蟬

　　苦楝樹在農曆春節前會完全落葉，猶如枯槁一般，但春節過後，又會槁木逢春地欣欣向榮，其傳說故事也頗有教育意義。話說明朝開國皇帝朱元璋，由於是孤兒，所以缺乏家人照顧，衛生較差，因此有長瘡的臭頭，某天在苦楝樹下休息時（亦有因為躲追兵，在苦楝樹下喘息之說），被掉下的苦楝種子打中瘡疤，在劇痛之餘，竟對苦楝樹下詛咒曰：「你這棵樹這麼壞心腸，我頭上長瘡已經夠可憐了，你還用種子打得我好痛，我詛咒你爛心，活不到過年。」由於朱元璋天生皇帝命，只要開口就一定會實現，所以有傳言說他是「乞丐身，皇帝嘴」。所以苦楝樹就在春節前要全部掉葉且爛心而亡。數百年後，英國有位名叫「牛頓」的科學家，某天坐在他家的蘋果樹下，不知在幹嘛，突然一顆蘋果掉下來，砸在他的頭上，雖然他沒有臭頭，但是被蘋果砸到還是會有點痛，但牛頓並沒有詛咒蘋果樹，反而激發了好奇心，懷疑為何蘋果不往上飛卻往下掉，研究結果便發現了地心引力與萬有引力，因而被稱讚為「科學神童」，這位神童也說了一句世界名言：如果我比任何人看得遠些，那是因為我站在巨人的肩上。

　　可惜啊！當初朱元璋如果不是以抱怨的態度，而是用好奇的精神來研究苦楝的種子為何會往下掉，那地心引力就是中國人發現的，這苦楝的傳說好像在開示我們，往後如果遇到任何問題，先不要抱怨，應該用研究的精神去找出事情發生的原由，因為這非常有可能是老天在幫你成為名人的敲門磚，不過你一旦抱怨，那老天就會去找別人囉！當然，苦楝樹會在春節前爛心枯槁而亡，是類似蛇類的冬眠狀況，是假死現象，因為苦楝是高大喬木，枝多葉繁，在春節前的冬季是枯水期，如果它不先把葉子掉光以保存原有的水分，那葉子便很容易把水分都蒸發掉，造成苦楝真正地缺水而亡。

苦楝樹 ➜ 有動人的生態與傳說故事

　　由於遊客日益增加，公部門已將停車場整修，又在旁邊立一個正名的古道石碑，讓遊客清楚，他們走的是什麼古道。

目前的停車場

正名的石碑與停車場

　　如前述，古代稱這條古道為「琅嶠—卑南道」，現在被稱為「阿塱壹古道」，當地人也稱之為「琅嶠—卑南覓」或「恆春—卑南覓」，為避免稱號雜亂，目前屏東縣政府統稱叫「旭海觀音鼻自然保留區」，所以，同樣的物件，有時候名稱會隨著時代不同而改變，但不論名稱如何變，物件都是一樣的。例如，我小時候被叫古錐（閩南語可愛之意），長大後被叫煙斗（閩南語英俊之意），現在竟然被叫「老猴」，差別真大，然而不論稱呼是什麼，全都是我本人無誤。

現今一律以這名字來稱呼古道

即使是走在大馬路上，還是得眼觀四面兼耳聽八方，看看有無不該出現的生物或聽聽別人的尖叫聲，因為就算是冬天，恆春地區依然會有「小龍」出沒，尤其是尾巴尖端是紅色的赤尾青竹絲，完全不怕人，所以建議遊客，千萬別自己亂闖，以免發生危險。但是也不要看到青色的蛇，就認為它是有毒的青竹絲，要先看它的尾巴，如果沒有紅色，那只是一般的青竹絲，稱為青蛇，是無毒的，只有赤尾青竹絲才有毒，這是有沒有毒的識別方法。

在路邊伺機而動的赤尾青竹絲

尾巴不是紅色，所以只是青蛇。

由此停車場有分兩條旅遊路徑，其一：依指標往山上走，可達旭海草原，雖然草原已消失，但如果不抱著看草原的心態去玩，那居高臨下的廣闊視野，阿塱壹古道與港仔岬角均盡收眼底，也是一處滿美麗的休閒景點。

往旭海草原入口處

前往旭海草原的步道

草原上的涼亭

由涼亭遙望港仔岬角

草原步道

　　在進入旭海草原的入口處旁，有一棵似乎沒有樹皮的植物，每當下雨時，樹幹表面異常光滑，聽說猴子只要在雨天爬上這種樹，便有如恆春或頭城在搶孤一般，特別容易由樹上直接滑下來，所以猴子也很聰明，都不再攀爬這種樹了，因此這種樹的別名就稱為「猴不爬」，正確名稱為「九芎」，是恆春在地燒木炭的樹種之一（其他也有用相思樹或黃荊來當燒木炭的樹材），更是排灣族以前很重要的求婚樹。據說過去排灣族選女婿的標準，是以身體健壯與否來做取捨，在沒有瓦斯可燒飯煮水的時代，當然是以木材來當煮東西的主要材料，若有某位男士看上了某家的女兒，其求婚的第一項禮物，就是用刀去砍伐大約手臂粗細的九芎樹幹，然後綁成一大捆，註明是某某人砍的，放在有可能是未來岳丈的家門口，送他們當燒東西的材料。若是家有美女，求婚者當然就不只一人，門口就會有許多愛慕者所送的九芎木材堆，而家中長輩會仔細端詳木材砍伐的痕跡，如果是一刀斷，表示這位男士身強體壯，獵刀鋒利，當然就列為第一優先，最低標準一定要兩刀斷，才有比賽資格，若是木材砍伐痕跡七零八落，似乎砍了好幾十刀才斷，表示這位男士體弱無用，立刻剔除在名單之外，永無入選資格，這種選婿方式，更是排灣族的文化特色之一，非常有意思。

往草原入口旁的九芎

　　而九芎還有一段有趣的傳聞，因為其結構特殊，如果在樹幹的某一點幫它搔搔癢，由於共振的關係，樹梢頂端便會不斷搖晃，好像被搔到癢處而有所反應一般，故九芎又稱「怕癢樹」，有興趣的話，建議各位不訪試試看能否搔著九芎的癢處。

第三段　海巡產業道

　　過了苦楝停車場，就進入海巡產業道，在這裡，可以向海巡署旭海安檢所商借廁所後再前行，因為過了海巡署，一直到終點「南田」，是沒有廁所的。

　　但是，生理的問題很難說，常會遇到有廁所時完全不想上，一旦離開了廁所，卻又想「灑水」或「做蛋糕與產黑輪」，萬一在路上遇到這種情形，又當如何？總不能要遊客忍到終點再處理吧！其實換個角度想，也可以說整條古道都是廁所，想在哪裡上，就在那裡上，只是在野外上廁所，必須遵守以下幾點，其一：雖然不必麻煩到挖貓坑，但請務必將衛生紙裝袋帶出古道再丟，因為紙張很輕，而這裡的風又很強，如果隨地亂丟衛生紙，強風一來，不但會把衛生紙往上吹，衛生紙還會因為風力而自動打開，我就曾經被張開的衛生紙，直接吹到臉上當面膜。其二：上廁所請勿直接拉在古道上，務必在離古道兩側十公尺以上再拉，以避免其他遊客踩到您的「產品」。其三：季風期請注意風向，一定要順風上，絕對不要逆風上，否則當您上完後，會發現地上是乾的，但您已經渾身濕透。其四：若怕被其他人看見，可以撐傘或緊閉自己的雙眼（眼不見為淨），但嚴禁撐透明的傘，以免春光外洩。其五：同樣的地點最好不要超過十人一起上，否則很容易發生土石流。

　　早期的旭海安檢所，有製作阿塱壹的立體看板，別具一番特色，現因風吹日曬，年久失修，已不復存在，煞是可惜，目前只能在圍牆上，欣賞台灣黑熊與綠蠵龜的壁畫，或拍照存證。

安檢所現況

安檢所外的台灣黑熊壁畫

安檢所內的台灣黑熊壁畫

早期的安檢所壁畫

安檢所外牆的綠蠵龜壁畫

早期安檢所前的古道立體看板

因為過了安檢所後，便無任何居民或商店（要到台東縣界前才有），如果想補充飲料，只有在安檢所對面那家無人看管的「良心小站」自給自足了，這家特殊的路邊攤，把所有飲料的價格全寫在冰箱旁的木板上，遊客自己根據木板上的價格，拿飲料，並把錢投在錢箱裡，如果錢箱內有零錢，就自己憑良心找零，如果剛好沒零錢，就把錢箱當功德箱，全部奉獻了，而喜歡登山健行的人，果然是充滿誠實風格，據老闆說，每晚結帳時，收入只有多沒有少，可見多付卻沒找錢的遊客還真是不少，而拿飲料沒付錢的人，相對的應該少之又少，人性在此果然是經得起考驗。

安檢所對面的良心小站

飲料價格全在燒寫在木板上

自行投幣找零的錢箱

良心小站全貌

小站前，遊客一切自助。

目前良心商店樣貌

　　在良心商店附近，常有狗狗出沒，不知是哪位蠟筆小新的粉絲，把其中有一隻小黃狗的眉毛，畫成蠟筆小新眉，成了旭海最爆笑的狗。

蠟筆小新的眉毛

良心商店前的蠟筆小新犬

　　在安檢所上完廁所與補充飲料後，繼續古道的探秘之旅，這段海巡產業道的生態，有不少充滿故事性與特殊性的物種，就讓我們一一來認識與了解它。首先，在離開安檢所沒多久的右邊籬笆下，有株長滿黃色圓珠的茄科小樹，名叫「瑪瑙珠」，除了長滿有如瑪瑙的圓珠外，葉子是對生，而且是一大一小，是株很好認又美觀的樹種，只是，它雖然美麗，果實卻是有毒的，千萬別亂摘取喔！

美麗卻有毒的瑪瑙珠

葉對生，且一大一小，是茄科植物的特徵。

　　在瑪瑙珠的前方路面上，因下過雨以致路面有些潮濕，在潮濕的路面上，有處乾得特別快的地方，最特殊的是，乾燥處竟形成類似鯊魚的模樣，魚尾與魚鰭以及魚頭和魚嘴，栩栩如生，而鯊魚眼睛的位置，剛好有顆小顆石子，令人不禁讚嘆大自然的玄妙。

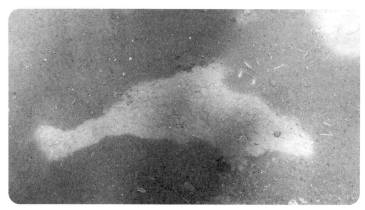

路面上鯊魚的圖形

　　春夏時節，路邊會看到有點像九層塔的植物，但它不叫九層塔而叫賽山藍，在南部鄉下四處可見，花序由層層苞片堆疊，花就藏在苞片裡。由於層層的苞片看起來很像蝦蛄的尾巴，所以又稱「蝦蛄草」。

賽山藍

　　而在步道兩旁的草皮，只要下過雨，就會長出許多藻類植物，當地人稱為「情人的眼淚」的雨來菇，雖然稱之為菇，它卻是藍綠藻的一種，只有在環境少汙染且水質無污染的地方才能生長，目前在滿州地區，也有用人工培養的方式在種植，可見這地區的環境汙染度非常低，非常適合人來居住。

雨後長在草皮上的雨來菇，又稱情人的眼淚。

　　繼續前行，看看左邊，會發現有幾棵俗稱「雞心仔」的朝天椒，為何稱這種辣椒為朝天椒？是否因為太辣，當你吃到後，會辣到受不了，直接朝著天，大口地「呼！呼！」來吐氣，企圖把辣氣吐出來，所以才叫朝天椒？當然不是，大家注意看看朝天椒的生長方向，是否每一粒都朝向天際，不會下垂，所以才稱為朝天椒。

　　建議女孩子可以多吃吃這種辣得不近人情兼毫無天良的辣椒，因為吃完後，就算不會成為標準的辣妹，也一定會變成「噴火」女郎。

尚未成熟的朝天椒　　　　　　　　　　　成熟的朝天椒

　　過了朝天椒樹叢，遊客會聞到一股異味，但是對於在鄉下長大的人，會覺得這股味道充滿著懷念的親切感，沒錯！就是豬屎味！在步道旁，有當地人搭豬舍養豬，有白毛豬與黑毛豬，白毛豬比較親人，一見到有人靠近，會主動靠近和你打招呼，甚至會對著鏡頭微笑，不信嗎！有相片為憑，請注意白毛豬的表情。只是一想到沒多久，他就會變成培根或香腸之類的東西，不禁興起一股吃素的衝動。唉！

當地人的養豬舍

黑毛豬與白毛仔豬

看到我拍照，會自動靠過來的白毛豬。

對著鏡頭微笑的白毛豬　　　　　　　　被關在鐵籠待處理的白毛豬

　　繼續前進中，會出現長得奇怪的花朵，也是海濱特有種，名叫「草海桐」的灌木叢，幾乎所有植物的花都是開整朵的，但這種植物的花卻只有開一半，因此台東與綠島的居民，就直接稱這種植物為「半邊花」，更奇特的是，它的花全都只開在下半部，如果您找得到開在上半部的花，請拍照存證，並將它公諸於世，您就有可能會得到諾貝爾上半部獎（有這種獎嗎？）。

俗稱半邊花的草海桐

　　至於這種植物為何只開一半而且都只開在下半部？？有科學解釋與傳說故事兩種，科學的解釋當然比較正確但枯燥無味，傳說故事則較扣人心弦卻屬於虛構，我曾經把傳說敘述到有女遊客當場落淚啼哭。事後我問那位啼哭的女遊客，是否故事太感人，讓妳感同身受，所以才情不自禁哭泣，

沒想到她竟然潑我冷水說：「當然不是啦！天氣這麼熱，我又這麼累，你還在那裏口沫橫飛地說個沒完，我實在受不了，但又不好意思離開，所以就哭了。」唉！有必要說的這麼坦白嗎？大家有緣相聚，難道就不能配合我的意思，讓我爽一下嗎？

　　不過，我是非常敬業的，所以還是得說明草海桐的花只開一半又全都只開在下半部的原因與傳說。先說科學的解釋，請大家仔細看看半邊花的構造，那根在上方，只有一支的凸出物是雌蕊，在雌蕊底下是五瓣的雄花，所以它是雌雄同株（一個女人擁有五個合法的男人，各位女鄉親，妳會羨慕嗎？）。雄花瓣長在雌蕊下方，有如昆蟲的停機坪，方便昆蟲取蜜時，腳沾雄染花粉，嘴染雌花粉，四處去傳播，所以草海桐的花才會只開一半，且全都開在下半部，這是植物的求生機制。再來，如果花是開一整朵，就變成十瓣雄花和一支雌蕊，但花朵那麼小而雌雄蕊又如此靠近，則自花授粉的機率就會提高，根據優生學的理論，自花授粉的後代（猶如同宗的近親結婚），品質與適應力大都不良，容易被大自然淘汰，為使後代能強壯又源遠流長，所以草海桐的花便演化成只開一半，以降低自花授粉的機率。又，如果花瓣是開在上半部，那雄花的花粉直接掉落在雌蕊的機率也會增高，當然也提高了自花授粉的機率。以上是科學的解釋，雖然較枯燥無味，但比較近乎事實。接下來，請聽傳說的故事。

正常草海桐的花，只開一半，雌蕊在上，雄花在下，也方便昆蟲詹花粉。

若是雄花上而雌蕊下，會增加自花授粉的機率，也不利昆蟲傳播花粉。

　　事先聲明，半邊花的傳說故事，聽完後，千萬別放聲大哭，只需低聲啜泣即可，以免嚇到我。猶如各位所知，各種的傳說，總離不開愛情故事，而這類的愛情故事，絕對都是一男一女，不會有「斷背山」的兩男或「愛奴」的兩女事件發生，且情侶的身分，若不是世仇，就是門不當兼戶不對，家世地位相差太懸殊，像梁山伯與祝英台，才會產生可歌可泣的愛情故事。半邊花的故事也一樣，男的學歷是國小沒畢業，學歷頂多是幼稚園大班，家窮又是辛苦的打漁郎，女的是富家千金，大學畢業又上過研究所，準備出國深造，不知甚麼因緣，兩位就互相看上眼啦！可想而知，反對最劇烈的，自然是女方家長，用盡各種方法，就是要拆散他們這對情侶。

　　某天，男主角牽著女主角的手來到海邊，面向大海，男主角仰天嘆了一聲氣，說道：「今天妳家人會輕視我，是我學歷低的關係嗎？如果我有王永慶的家業，妳家還會嫌我學歷低而看低我嗎？還是因為我的職業是打漁郎而看不起我？如果我有張榮發的船隊，身分一樣是出海打魚，妳家還會因為職業而輕視我嗎？追根究柢，全都是因為我窮的關係，所以才會被你父母看不起，為了賺大錢，從明天起，我要去跑遠洋漁船，我會很努力地工作，等到賺大錢，我再拿這筆錢去向妳父母提親，或許到那個時候，妳父母會因為我的錢而改變想法也說不定，請妳務必等我個三到五年，可以嗎？」這時女主角滿眼淚水，不斷點頭應許，心想，她並沒有愛錯人，雖然他的學歷職位都不高，但志氣卻比誰都強，所以願意等他三或五年，等時間一到，他們就可以從此過著幸福又快的日子了。

　　由於男主角較窮，無法買昂貴的信物給女主角，所以就隨手摘了一朵白的花，掰開成兩半，一半自己留著，另一半給女主角，對天發誓：「當這兩朵半花合成一朵之時，就是我兩結合之日，從此要讓妳過著幸福快樂的日子。」隔天，男主角便帶著半朵花，隨遠洋漁船捕魚去了，女主角充滿期待，天天捧著半朵的白花，到海濱望向大海遠方，希望她的情郎能早日回港。某天，傳來晴天霹靂的消息，男主角的漁船，因為遇到颱風而翻

船了，船上所有的人都失蹤，不知飄向何方，這時的女主角，由期望變成失望。但往好的方面想，既然是失蹤，表示她的情郎有可能還活著，而她也知道，男主角的泳技是一流的，或許會被別的船隻救到其他地方去未可知。

然而，日復一日，年復一年，情郎始終音訊全無，女主角的心情由失望又變成絕望，到最後認為完全無望，至此茶不思飯不想，竟無疾而終，猝死在海邊。令人鼻酸的是，女主角雖然已歸天，靈魂卻依然思念著她的情郎，深怕有一天，情郎回到了他們相約的地方，卻找不到她。又或許她的情郎已被某艘船所救，不知會從海的哪個位置上岸，因此，女主角便在所有海邊，化成了捧著半邊花的植物「草海桐」，痴痴地等待男主角的歸來。

傳說故事到此告一段落，有沒有感動到痛哭流涕？？什麼！沒有！想不到各位竟如此地鐵石心腸！其實，這種結局，我也不喜歡，因為太淒涼了，因此，我根據半邊花的特色，把故事的結局，改了一下，各位觀眾，請看「半邊花」的傳說故事改良版 PART2。

話說，當女主角香消玉殞後，因為一生並無作惡，所以上了天堂，當她到達天堂時，很驚喜的發現，男主角早在天堂等她好久了，此時男女主角相擁而泣，男主角娓娓說道：「其實漁船翻覆後，我和所有船員，都被覆蓋在船艙下，所以沒多久，就全部往生了。但我雖然窮，卻從沒幹過壞事，所以就上天堂，我在這裡看到妳天天在海邊等我，覺得非常心痛，好幾次從這裡大聲呼喚妳，希望妳別等了，但妳都沒聽見，害我喊到聲帶長繭。妳卻搞到現在才往生，害我等得好苦喔！」

互訴衷曲完畢後，男主角又深情地看著女主角，說道：「把我給妳的信物『半朵花』拿出來，我要履行對你的承諾。」女主角便從腰間拿出了珍藏許久的半朵花給男主角（別問我為何這麼久了，花竟然還沒枯萎，這

是傳說，別太認真），只見男主角也從褲袋裡拿出他視為寶物的半朵花（也別問我為何花放在褲袋裡，竟然沒有被壓扁掉）。記得嗎？男主角曾許諾說：「當這兩半花合成一朵之時，就要讓女朋友過著幸福快了的日子。」所以當男主角把這兩個半朵花合成一朵時，奇蹟出現了，大家看看，兩朵半邊花中間的雌蕊，竟然能夠合成一顆心，這表示，男女主角雖然是兩個人，卻從此合成一條心，彼此絕不二心，忠貞到永久。而兩朵半花，也像他們的堅貞愛情一樣，合為一體，成為一朵花，雖然在人間，他們無法結為連理。但在天上，從此就過著幸福快樂的日子。

如何？這個結局，是不是比較較棒！

草海桐果真是一種結構奇特又可編織出傳奇性故事的物種啊！

兩朵半邊花雌蕊相合，變成一顆心。　　　　　兩朵半邊花瓣合成一朵完美的花

聽完了感人的故事，繼續前行，在路邊，到處可發現果實包覆著許多細毛，名叫「毛西蕃蓮」的奇特藤蔓類食用植物，它是野生百香果的一種，當果實成熟後，包覆果實的毛會自動脫落，露出黃色的果實，將果實摘下，撥開，試試看裡面的果肉與種子，有點酸又不會太酸，有些甜也不會太甜，這種酸中帶甜的滋味，只要嚐一口，保證您會不自覺地愛上它。傳說有一對夫妻，在野外工作時，發現了毛西蕃蓮，一吃之下，非常喜歡它的味道，由於數量不多，夫妻兩人為了搶食它，竟不顧多年的情誼，說翻臉就翻臉，

因此這種植物的別名，就稱為「夫妻翻臉」。用這樣來記它的名字，是不
是比較容易？它的花也十分特別，在花的中央，有三根類似時鐘的「時針
分針與秒針」，百香果科的花，據說都有這種構造，故這種花通稱為「時
鐘花」。

野生百香果 ➔ 毛西蕃蓮

毛西蕃蓮的花，有類似時鐘的針，故名時鐘花。

毛西蕃蓮果實成熟時，呈金黃色。

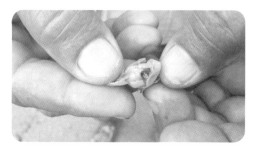

扒開毛西蕃蓮果實，試試它的味道。　　又酸又甜的味道，超好吃。

　　在接近海岸的左方，您會發現有一棵美麗的植物，它的果實呈紅色，很整齊地長一排在兩片葉子中間的枝條上，綠葉襯紅果，異常顯目，令人不禁垂涎欲滴，想摘幾棵來試試。各位，如果你有失眠症，那就摘來吃吧！因為這種植物的外號就叫「七日暈」，吃下去或許會安眠個七天七夜也說不定，它正確名稱是「紅珠仔」或「紅仔珠」，是有毒的植物，但其毒性並不至於到致命的程度。

　　回想當兵時，在受野外求生訓練，記得教官曾經說過，如果在野外看到不認識的果實，要確認它是否有毒，就看它剛出生的幼果顏色，如果幼果是綠色，成熟後不管是什麼顏色，應該就是無毒的果實，可以摘來吃。但是有例外，如濱海植物「海檬果或海芒果」，它的幼果就是綠色，成熟呈豬肝色，但卻是劇毒植物，如果剛長出來的幼果是非常美麗的五顏六色，就是沒有綠色，那絕對是有毒植物，沒有例外，不要命的你就吃吧！

各位看看紅仔珠的果實，一出生就是紅色，找不到綠色的果實，所以它絕對是有毒植物。

有毒植物紅仔珠（七日暈）

　　大自然的力量，有時真的讓人覺得不可思議，有一陣子，在步道邊，突然出現一輛樣式還蠻特別的越野車，仔細看它的車牌，竟然是日本東京來的，東京離這裡，應該有一千公里之遙，這輛機車是如何漂來的？據大家的推測，有可能是這輛機車的主人，在東京因為某種原因，跌入東京灣，人或許被救起或如何，不得而知，但機車隨著洋流載浮載沉地，來到了古道，被沖上岸，形成了現在這副模樣，以上的推測是否正確？挖阿哉！這就不研究了。

遠道而來的越野車　　　　　　　　　　車牌是日本東京來的

　　繼續前行，眼睛為之一亮，因為前面山坡上，出現一片白茫茫的美麗景觀。在春天時節，阿塱壹的整條路上，甚至整片山頭，幾乎到處都可見到這種名為「山素英」的白色花朵。花的形狀很特殊，有點像日本忍者所用的飛鏢暗器「手裡劍」。而它的名字也很好記，您只要記住它的姊姊，名叫素蘭，而它是素蘭的妹妹，叫素英，獨自生活在山上，所以叫山素英，這樣就記住了吧！！若聞聞山素英花的味道，會發覺有點像茉莉花，但山素英的花香較清淡，並沒有茉莉花那麼濃郁，因此它的外號也稱為「山茉莉」或「野茉莉」。春風除除吹來，山素英的清淡花香也隨之飄來，再疲憊的身軀，此時立即精神百倍，比擦任何提神藥水都有效。

滿山遍野的山素英花

山素英近照，很像日本忍者的飛鏢。

　　過了山素英山坡，明眼的您一定會發現到一個奇怪現象：為什麼鳳梨會長在樹上而不是長在地上？而它的幼果像釋迦，成熟後偏黃或紅，又像鳳梨，是新品種「鳳梨釋迦」嗎？恒春有俗諺曰：「恆春半島好風景，鳳梨生在樹仔頂。」說的就是它，長得像鳳梨，卻不是鳳梨，是名叫「林投」樹的林投果，它的幼果呈綠色，倒有點像釋迦，成熟後的果實呈金黃色或偏紅色，因為它屬於聚合果，所以會龜裂，是可食植物，當果實成熟裂開後，隨便抓住一根，稍微扭轉，便可拔出，可食部分就在拔出的頂端位置，沒

甚麼肉，一顆如果有十斤重，果肉全部吃完，至少還剩九斤半。別以為林投都會長類似鳳梨的果實，它是雌雄異株，只有雌株才會長類似鳳梨的林投果，雄株不長鳳梨只長玉米，由於雄株所生的玉米，只出生在夏季，比較少見，而雌株的鳳梨，一年四季都可見，以致造成許多人的誤解，認為林投只會長鳳梨而已，現在，就讓各位見識見識，玉米長在林投樹的奇觀。

酷似鳳梨的林投果樹

林投果在幼果期，酷似釋迦。

林投果成熟時，是可食的，只是果肉不多。

拔一小截林投的果肉，就在前端處。用牙齒刮下前端的果肉試試，蠻甜的。

地下那堆看似檳榔的東西，其實就是猴子吃的林頭果殘骸

林投的雄株，不長鳳梨，只長類似玉米的花序，但這種玉米是不可食的。

　　過了林投區，請各位往右邊地上看，會看到一整片開滿粉紅色花朵，名叫「濱刀豆」的濱海藤蔓類植物，在以前，能吃的食物比較少，當地人會摘這種豆回去煮食，其他還有「肥珠豆」與「濱豇豆」，也是當地人以前會當食物的植物，由於外皮和豆莢內的豆子，都硬得毫無人性，所以要食用這種豆子，必須把豆莢與豆子的外皮去除，只吃豆肉，口感並不佳，大部分會拿去餵豬，而現在能吃的東西也多，目前已不再採食。雖然不再食用它，但它並不因為人們不再重視而失志厭氣，依然努力綻放粉紅的花朵，盡一己之力來美化道路，植物雖然不說話，但它對我們的啟示，亦值得我們深思。

路邊開滿粉紅色花朵的濱刀豆

濱刀豆的花與豆莢

　　最奇特的是，這種豆科植物的生殖方式很另類，當它成熟時，豆莢由綠轉為枯槁，外皮變得較脆弱，然後會自己扭轉，讓豆莢的接縫裂開，裡面的成熟豆子便往四面八方噴灑、落地，然後成長、茁壯，不久之後，新一代就出現了，完成傳宗接代的使命，用這種高難度的方式延續生命，真是自然界的奇葩。

用噴灑方式，四處播種的扭曲豆莢。

未成熟（綠色）與成熟未扭曲（左）和扭曲噴種子（右）的豆莢比較

　　繼續前行，現在，請女遊客們到前面。請問：「各位女士們，妳們曾經有被別人稱之為『金枝玉葉』嗎？」甚麼！沒有！那就算了！我之所以會如此問，是因為眼前那些長在山坡上的高雅植物，就是讚美女人「金枝玉葉」的源頭，大家看看，這種植物的花，是金黃色的，它的葉，有如潔白無瑕的玉一般，所以稱之為「玉葉金花」或「金花玉葉」，用這種植物引申來形容女孩子的高貴純潔，就叫「金枝玉葉」囉！

　　但是，稱呼這種植物為金花玉葉，其實是個美麗的錯誤，因為它那潔白如玉一般的葉，其實並不是葉，也不是花瓣，而是花萼，這個花萼，是由花苞片增大變成的白色葉狀瓣，有時不是純白色，會呈現淡綠色，而那

一大片綠油油的東西，才是真正的葉，但如果把它正名為「玉萼金花」或「綠葉金花」，雖然正確，卻因習慣因素而覺得怪怪的，好吧！那就將錯就錯，一樣稱它為玉葉金花吧！早期文獻的玉葉金花只有大葉玉葉金花及毛玉葉金花兩種，目前則細分為玉葉金花、台北玉葉金花、台灣玉葉金花及大葉玉葉金花四種（毛玉葉金花不見了）。

　　所有讚美女孩子的名詞，絕大部分都用美麗的植物來形容，像「荳蔻年華」之類的，形容十八、九歲的女孩，像肉荳蔻的種子般地美麗，住的房間就叫香閨，大熱天所流的汗，就是香汗，長的壯，就叫體態豐腴，長的瘦，稱之為苗條。男孩子就什麼都不對，住的房間，被形容是狗窩，流的汗，當然是臭汗囉！長的壯，叫肥豬；生的瘦，稱為竹竿或瘦皮猴…唉！

路旁山坡上的玉葉金花

潔白如玉的葉與金黃色的花，故名之。

　　接下來，請各位借我一張千元台幣。任何國家的錢幣，大都會以這個國家才有的特色（人物、風景或建物等）來當錢幣的圖案，請大家看看千元鈔的背面，在阿里山雲海下，請問這張圖是甚麼？為何它有資格被印在我們的千元鈔上？蛤！不知！只會用錢，卻不知錢的圖畫意義，這張千元鈔沒收！。好啦！別瞪我！我像貪財的人嗎？等我解釋完畢，會立刻還你的。它是台灣特有的高山薊，名為「玉山薊」，現在稱為「塔塔加薊」，因為只有台灣才有，所以就有資格列印在台幣上囉！

千元鈔背面的塔塔加薊圖案

　　咦？既是高山薊，為何會請大家借我千元大鈔呢？莫非阿塱壹這種低海拔的地方，也有高山物種不成？當然不是，但在古道上，路邊（尤其是觀音鼻北端山坡上）會常見到高山薊的兄弟，俗稱雞角刺的「雞觴薊」，但有人說它是「南國薊」或「島薊」，是屬於低海拔的薊，聽說東南亞也有不少，所以才會稱為南國薊吧？又由於它的根酷似人參，在地人也稱之為「台灣高麗」，玉山薊與雞觴薊雖屬兄弟家族，但外觀差異性也蠻大的。玉山薊的莖葉較細長，而雞觴薊則較粗肥，玉山薊的花呈粉紅色，雞觴薊則呈白色（比較一下千元鈔的玉山薊與阿塱壹的雞觴薊便可明瞭）。市面上有廠商把薊根磨成粉，當保健食品在賣，統稱為「薊粉」或「雞角刺粉」，聽說能保肝，因為我沒吃過，其效果如何，就不得而知了。

古道旁常見的雞觴薊

　　走著走著，會見到路邊有著上紅下白的「紅白大師」，異常顯眼，似乎要開示甚麼大道理似地，它是名為「青葙」的植物，在白色的部分內，藏有許多黑色的種子，聽說是治療青光眼的主要藥材，名為「青葙子」，而如果把整株青葙槌爛，聽說也是治療皮膚病的良材，只是富貴手與香港腳無效。

可治療青光眼與皮膚病的「青葙」

治療青光眼的青葙種子 「青葙子」

青葙與青葙子

　　在邊走邊看海的同時，路邊有整排開著黃色花瓣的黃槿，由於古代人會拿黃槿的樹葉來墊年糕或紅龜稞，故又名「稞葉樹」。其嫩芽根部黏性頗佳，女生會拿來當耳環，男生愛作怪，就拿來當鼻環囉！黃槿的花，據老一輩的人說，可以摘下來沾麵糊後油炸，像野薑花瓣一樣，是很可口的

食物，而黃槿花瓣內的紅色花蕊，更是扮家家酒拿來當口紅或指甲油的天然染料。

黃瑾的葉，可當粿墊。

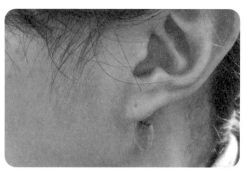

黃瑾嫩心可當女生耳環

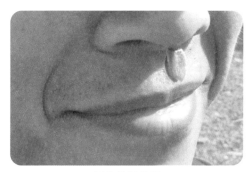

男生就當鼻環

紅色花蕊，可當指甲油。

掉滿地的黃槿花

步行至此，算是海巡步道的最高點，一般都會讓遊客在此拍照，建議遊客最好能往後看，以旭海的山脈為背景來拍照，才能襯托出古道的特色。如果只是以太平洋為背景，拍出來的相片，因為背景是海洋，若以後在回顧相片時，或許會忘了，到底這是太平洋還是台灣海峽，因為同樣都是一大片的海，古道的重點與特色，尤其是東部海岸線之特有的岬角地形，便不容易顯現出來。

遙望旭海之山脈，是古道的景觀特色。

在此要請教各位一個問題，太平洋的英文怎麼唸？蛤！叫 pacific ocean ！是嗎？那是學校英文老師的教法，在這裡，太平洋的唸法比較簡單又符合實際，就唸做「SOGO」！啥？不對嗎？台灣大都會的太平洋百貨，不都叫「SOGO」嗎？（現在好像改了）都市的太平洋，提供了居民的日常所需，而旭海的太平洋更是寶庫，猶如大都市的「SOGO」一般，提供了當地居民的日常所需。海裡有各種魚類龍蝦，岸邊礁岩有許多螺貝類海鮮，海岸有螃蟹，所以當地人把太平洋稱之為鄉民的冰箱，不但隨時有新鮮漁穫可食，更不用插電。

所以如果想吃海產，就結網直接往太平洋撒，隨便拉網上岸，就有許

多漁穫。當地龍蝦數量特別豐富，所以在入口處，才用龍蝦當圖騰（前面介紹，分駐所旁的龍蝦圖騰）。當地人戲稱，他們早期很可憐，窮到只有龍蝦與九孔可以吃，如果有客人到，不敢用龍蝦請客，因為他們認為龍蝦隨抓隨有，是粗俗免費的東西，用龍蝦請客很沒誠意，所以會花錢去買甚麼海底雞或肉醬之類的罐頭，以表誠意。居住在都市的朋友，你們羨慕嗎？在離岸不遠處的山林，還有各式各樣的山產與野菜可補充營養，這是吃的方面。

日常用品方面更是琳瑯滿目，岸邊的漂流物非常精采，煮東西不愁沒漂流木當柴火，搭雞舍或豬舍一樣有取之不盡的漂流木，可做材料，需要什麼物品或家具，岸邊找找就有，依自己的想法拿來修補，就是深具特色的家用品，而且完全免費。

據當地居民陳述，過去生活較苦，如果沒鞋子穿，或者鞋子穿壞了，別說沒甚麼錢，就算有錢，旭海地處偏遠，也沒甚麼商店，就會去海邊巡邏，一定可以找到合適的鞋子，只是左右腳的顏色與款式都不一樣而已，我的朋友就曾經穿過左腳要綁鞋帶，是黑色，右腳用魔鬼貼，是五顏六色的一雙鞋，也穿了好幾年才依依不捨地丟掉。這種情形，現在當然已不復見。但聽說現在正流行左右腳穿不一樣的鞋，旭海居民在幾十年前，早就已經走在時代先鋒了。

所以，太平洋對過去旭海居民的功能，是不是稱作「SOGO」比較恰當呢！

過了制高點，在路邊右側，有一整排花序像頭髮，酷似蘆葦的植物，它可是台灣特有的原生植物，各位身為台灣人，可認識這是甚麼植物？蛤！是蘆葦！請問蘆葦的葉子，會長得像竹子嗎？甚麼！是箭竹！再請問，箭竹的頭上，會長出像頭髮的花序嗎？各位，這種植物的頂端像蘆葦，葉片又像竹子，所以，這種植物的名稱是「蘆葦加上竹子」，叫做「蘆竹」，

是台灣原生種，所以全名叫「台灣蘆竹」，在桃園，就有蘆竹鄉，可見這種植物，早期在台灣到處都有。

像蘆葦又像竹子的「台灣蘆竹」

繼續前行，會發現左方山壁上，凸出了許多尖銳狀的岩石，形狀猶如大大小小的鐵釘一般，這種岩層，幾乎整條古道都可見，而這種岩層，在觀音鼻北端，當地人就稱為「鐵釘路」，地質學上真正的名稱，叫做「硬頁岩」或「筆狀頁岩」，因為它的樣式像一隻細長的筆，而這種岩層，遇到大雨磅礡時，很容易發生崩落，猶如拉肚子一般狂瀉，所以在地人也稱它為「漏屎石」。「漏屎」的閩南語意思就是「拉肚子」。而這種頁岩，也可以試驗出您的愛人對您是否真心！怎麼試？看您一副心急想知道的樣子，是否情感出現了問題？別急！讓我對您們說分明。

各位，有聽說過「試金石」嗎？甚麼是試金石？就是如果想知道黃金的純度與真假，不用花錢到銀樓去驗，用試金石就能驗出，試金石的學名叫「碧玄岩」或「矽質板岩」等，是一種鹼性玄武岩，將黃金在它上面畫一條紋，就可以看出黃金的成色，因此被叫做「試金石」。據說，筆狀頁岩也可以當成試金石來使用，因為礦石硬度的鑑定方法，是在未知硬度的礦石上，找出平滑面，用已知硬度的礦石加以刻劃，如果未知礦石表面出現劃痕，則表示它的硬度小於已知礦石，反之則表示它的硬度大於已知礦石。

　　依此項常識來推測，假設您的愛人在您的生日或認識紀念日或結婚紀念日或甚麼理由一大堆的紀念日等等，反正就是在對你們而言，深具紀念性的日子裡，他買了一條金項鍊或金戒指（一定要金飾品）送您，還深情款款地說：「親愛的，讓我們的感情就像這金飾一樣，永不退色。」此時，請先按奈住感動的心，因為這金飾品有可能是夜市買的，三條一百元的那種鍍金品。這時，就必須先拿起試金石來試試黃金的純度囉！如果是真金，就表示愛人對您的感情應該是真的，如果是鍍金（假金），那愛人對您的感情，應該也真不到哪裡去。

　　要如何試？？拿起一條筆狀頁岩，會發現它有好幾面，而且大都是凹凸不平，找到它的平滑面，把您的金飾品，輕輕放在平滑面上摩擦（一兩次就好，不要太多次，否則金飾會磨損嚴重）。據消息來源指出，硬頁岩的硬度比黃金稍高，所以如果卡在頁岩上的金粉痕跡越多，表示金飾的成分越真。如果摩擦了老半天，都快磨成繡花針了，還看不到一絲絲的金粉，不用說，那個東西的硬度，比硬頁岩高出許多，絕對是鍍金而不是純金的。這時請千萬別發脾氣，將這種情況放在心裡就好，因為，我只是提供驗金飾的方法，請把它當遊戲做試驗即可，若因此讓您們感情生變，完全與我無關。

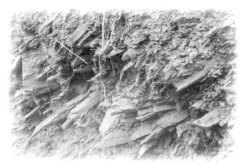
插在山壁上的筆狀頁岩

猶如拉肚子狂瀉的筆狀頁岩

　　走在海巡產業步道區，您會發現左右兩邊的樹林內與步道上，熱鬧異常。闊葉上，常見斯文豪氏攀木蜥蜴探頭偷望遊客。台灣大蝗也毫不避嫌地演起限制級劇場，甚至會跳上您身上與您親近。步道上常有奧氏後相手蟹爬行其中，其特色是，兩眼中間有一條非常明顯的黃線。也常見到像蠍子卻不會螫人，長著長尾巴的「鞭蠍」。總之，只要細細欣賞，總是可以讓遊客發現到許多生物，有這些生物陪伴，走起來完全不會覺得寂寞。

探頭的攀木蜥蜴（來自黃雅蘭相片簿）

因為對人群懷疑而歪頭的蜥蜴，模樣可愛逗趣。
（來自黃雅蘭相片簿）

斯文豪氏攀蜥雌雄之分，在於其側邊的黃線，很明顯的是雄性，不明顯的是雌性，所以相片的左邊是公的，右邊是母的，乃攀木蜥蜴求偶的現場

驚豔 阿塱壹（琅嶠‑卑南古道）

想親近人群的大蝗

奧氏後相手蟹，兩眼中的黃色橫線，是其特色。

酷似蠍子的鞭蠍

清晨走古道，草上盡是未消散的露珠，像珍珠灑落在草叢中。

古道上飛舞的青帶鳳蝶

青帶鳳蝶是蝶類的過動兒，翅膀中間的青色橫帶，是它的特色。

　　而在秋冬季節，路旁的樹叢裡，會常常發現蛇類的蛻皮，表示它曾經來過這裡，所以說遊客絕對要跟在解說員後面，千萬別脫隊，否則難保你們不知會遇到甚麼類似蜂群或蛇類等等的傷害性動物。

　　各位，如果你們遇到蛇類，會不會害怕？不會！太厲害了！請你走在我前面。蛤！會！沒關係，不要怕！因為我比你們更害怕，所以千萬別脫隊，因為我知道蛇的出沒點與如何打草驚蛇，不管如何，反正就跟在解說員後面就對了。

掛在樹叢上的蛇皮　　　　　　　　　蛇皮上的蛇臉與蛇眼，依然存在。

第四段　稽查站礫石灘

　　過了海巡產業道，即將到達稽查站。由於古道東臨太平洋，是沒有防坡堤與消波塊的原始海岸，所以有各種的海漂垃圾或海漂植物被沖上岸，一些有藝術天分的遊客，在休息時間，總會拿這些海漂物來做創作，也為古道添了不少樂趣。

海漂物的創作

　　若天氣好的時候，往太平洋東邊看過去，可以看到蘭嶼，像一艘船，漂浮在海上，不是有一首小夜曲是這麼唱的：「這蘭嶼像一艘船，在黑夜裡飄呀飄。」嗎！甚麼！是綠島！那抱歉！是我搞錯了！

蘭嶼

遙望蘭嶼島

　　馬上要進入古道了，在此，稽查員會一一核對遊客的身分，唯有在申請名單內的人，才能進入古道，若不在名單內，只好說聲抱歉了。

稽查員核對身分

　　在稽查站旁邊，有立一塊醒目的紅色告示牌，除了警告沒申請的遊客，在這裡要止步以外，最重要的是第一條，有心血管疾病的，千萬要主動告知且不要勉強進入，因為古道內，路途艱辛且有上下坡，尤其在大熱天（不一定是七、八月），常有遊客出狀況，而這些遊客，以心血管疾病

的居多，所以，如果有心血管疾病卻不主動告知，後果得要自負。

　　接下來，心胸狹窄或心地不良的，也要主動告知，否則在古道內，一言不合而吵架甚至搞到全武行的話，我一定把你們通通告到衛生所，然後回去告訴你媽媽或阿嬤。

兩項規定，請遊客要遵守。

稽查站旁邊的紅色告示牌

　　由於稽查站前的解說牌，經年累月地，經過風吹日曬又雨淋，字跡已斑駁，所以現在又另立新的解說牌，讓遊客了解，古道裡的珍貴動植物，希望大家在走古道時，能愛惜古道內的一草一木與各種動物，讓古道永存。

稽查站前的新解說牌與介紹內容

好！身分核對完畢，就是真正進入古道的起點了。

稽查站旁的小溪，當地人稱為羊仔（宰）溪，據說早期稽查站旁的山坡上，是放羊地，三不五時牧羊人會在這條溪邊處理羊隻，故名之。羊仔溪春夏豐水期時，水量豐富，可以洗臉消暑，是進入古道的第一站沖涼處。

稽查站旁的羊仔溪

而羊仔溪周邊，有不少兩棲性動物，像日本樹蛙與黑眶蟾蜍，日本樹蛙聽說是會泡溫泉的蛙類，不但會爬樹，也不怕溫泉的熱度。而黑眶蟾蜍的特色，除了帶一副高級的黑框眼鏡外，手腳的指甲，好像塗滿了黑色的指甲油一般，非常好認。

羊仔溪內的日本樹蛙蝌蚪

羊仔溪的日本樹蛙

遊客爭相拍日本樹蛙與蝌蚪

黑眶蟾蜍，指甲全是黑色

　　過了稽查站後，正式進入古道，古道的左邊是頁岩區，右方有一大片的礫石灘，而礫石灘的形成，是因為山脈石塊的崩落，大小的石塊隨著河水流向海洋，經過許久的歲月，石塊彼此碰撞以及被海水沖刷，抹平四周菱角，再被洋流與潮汐沖回岸邊，便形成了礫石灘海岸的環境與美景。

　　而這裡的礫石，並非原來就在這裡，是來自花東的海岸山脈。在每年強大的東北季風來襲，使花東海岸的礫石，順著北洋流及沿岸流，或走路（滾動）或游泳（被水流往前沖），往南來到阿塱壹沿岸，遇到海灣，便堆疊成一片，堆滿了之後，其他的礫石再繼續往南游泳或走路，遇到其他的海灣，再重複前項動作，所以這些花東的礫石，便造成了阿塱壹沿岸海灣的礫石環境。據當地的耆老表示，早年阿塱壹海岸，是一大片沙灘，礫

石灘是後來才形成的，就能證明上述的理論。而台東三仙台的礫石種類，與阿塱壹的礫石種類一樣，更可證明此地的礫石是來自花東。

　　而礫石灘的石頭，大多數呈扁平狀，且分大、中、小三層，大的離海較遠而小的離海近，在這裡會產生兩個問題：其一，同樣是由海裡沖刷上岸的礫石，為何西部海岸會沖成卵狀而東部呈扁平狀？其二，這些礫石既然都是由海來沖上岸的，為何較重的大石頭沖得比較遠，而較輕的小礫石反而沖不遠，大都集中在海邊沿岸？形成大石頭在上而小石頭居下的階梯壯觀現象？連石頭都知道要長幼有序，讓大石頭坐在高位，小石頭則甘居下位。人類有時會沒大沒小，不敬老尊賢，把長者壓在腳下。唉！人類有時還真得和大自然學習學習做人做事的倫理。

礫石海灘，大顆在上而小顆在下，形成長幼有序的現象。

東部的礫石，大都呈扁平狀。

　　那石頭為何大的沖的比較遠而小的反而沖不遠呢？其原因有二：

　　其一，出現頻率比較低但卻比較高大的浪，直接把大的礫石推到較內陸且較高的地方，並堆積成為較高的平台。而出現頻率較頻繁但規模較小的浪，把小的礫石留在身邊，堆積成較低的平台，形成階梯式的壯觀景象。

　　其二，請各位思考一個問題，當風力強大時，是樹木容易斷還是草容易斷？沒錯！樹木容易斷！那為什麼樹那麼壯，卻容易斷，而草那麼柔

弱，卻不易斷？蛤！樹大招風！為何樹大就會招風？當然！這和受力面積有關，試想：當強風來襲時，小草會彎腰低頭，所以風對草的受力面會化掉，風再強，對會彎腰的草之作用力接近於零，所以草不易斷。但是樹木呢？當強風來襲，樹木不彎腰點頭，所以整株樹由頂端到根部，全都是風的受力面積，當風力大於樹的強度時，樹就非斷不可，連水泥或鐵柱做的電線桿都不能例外。同理，當海浪很強時，大石頭的受力面積大，所以容易往上推，小石頭的受力面積小，容易在原地滾動反而推不遠。一旦強浪回流時，力量已消失一大半，所以無法再把大石頭再往回拉，但參雜在大石頭內的小石頭因為較輕，所以又會被回流的浪再往回拉，經過這兩種作用力，時日一久，便形成了大小石頭壁壘分明的現象。

那為何石頭大都呈扁平狀？是不是因為阿塱壹太夯，所以來的遊客太多，石頭都被踩扁了！你是來搞笑的嗎？蛤！前總統陳水扁來過，石頭為了尊重他，所以通通變成扁的！你是來亂的啊！麻煩來兩位高大威猛的男生，直接把他丟下太平洋！各位，剛剛前面有說過，礫石是山上岩石斷裂崩落，順著河水，流向海洋，經過許久的歲月，石塊彼此碰撞成小塊，以及被海水沖刷，抹平四周菱角，再被洋流與潮汐沖回岸邊，才形成了礫石灘。

當石頭在河裡，是呈翻滾的狀態在流動，所以到達河口的礫石，大都呈圓形的鵝卵石狀，當洋流又把這些堆積在河口的礫石，往阿塱壹的方向帶時，是平流狀態，和從高山往河口翻滾的溪流不同，所以礫石在平流中，被不斷地平行磨擦，經年累月加上路途遙遠，再被潮汐沖上岸，就形成了扁平狀的礫石囉！

當礫石被洋流帶到阿塱壹沿岸時，會由潮汐沖上岸，這又是造成礫石扁平狀的另一個因素。各位看看阿塱壹的太平洋海色，算不算陰陽海？會造成陰陽海的原因，並不是有受到人為的汙染，海的顏色差異如此大，與

海的深淺有關，顏色較深，海底就較深，顏色較淺，當然海底就較淺，因為這裡海的深淺度差異極大，所以就形成陰陽海。海比較淺的地方，離岸大約五十到一百公尺，就忽然急降到數百，甚至數千公尺深，所以這裡的海底大陸棚屬於急降坡。

當潮汐由遠處往岸邊流動時，較深的海流碰到海底類似牆壁的大陸棚，就往回流。而較淺的浪直接沖往岸邊，屬於平浪而非捲浪，當這種平行浪長年累月把礫石沖往岸邊，礫石受到洋流和平行浪的雙重影響，想不扁都不行！

阿塱壹的陰陽海

在礫石灘上，有一種濱海的藤蔓類植物，會覆蓋在礫石上面，春夏時節，枝葉茂密且果實累累，若觸摸它的枝幹，會發覺它是呈四方形而非圓形，它葉片的味道非常濃郁，早期的住海邊的人家，都會摘取它的果實然後陰乾，可以製作成枕頭，據說睡過後能提神醒腦，精神百倍。它的四方形枝幹若把它曬乾，也可以當蚊香，是很棒的濱海植物，稱之為「蔓荊」。因為它葉子的味道和山上稱為黃荊的植物很像，但黃荊是喬木，蔓荊是藤蔓植物，故名之。又，黃荊的俗名叫埔姜仔，生長在山上，而蔓荊生長在海邊，故蔓荊又稱「海埔姜」。

蔓荊（又稱海埔姜）果實

整段礫石灘，都有蔓荊覆蓋其上。

過了礫灘與蔓荊區，映入眼簾的，就是牡丹鼻岬角。如果在秋冬，東北季風增強，在經過岬角時，會感到陣風特別強，這時就必須注意幾點事項，一：沒有繩子固定的帽子，一定得抓緊或脫帽用手拿著，以免帽子被風吹走。二：戴假髮的遊客，一定要抓緊它，否則一旦被強風吹走，會被誤認是看到「阿飄」。三：女性遊客有戴假睫毛的，最好先摘下，以免被風吹歪一邊卻不自覺，一路走來會製造不少笑料。

強風的牡丹鼻岬角

　　繞過牡丹鼻，左邊岩壁上，會發現有幾個地方崁入黃金，別高興，這是俗稱「愚人金」的假黃金，學名叫「黃鐵礦」，希臘語意是火，因為用硬物去敲擊，會產生火花，故名之。它常會被誤認成黃金，主要成分是二硫化亞鐵（FeS_2），價值很低，如果價值高的話，早就被我們挖走了，那輪得到遊客來挖。

愚人金

　　繞過牡丹鼻，有一塊奇特的石頭躺在礫石上，請問大家：人如果被石頭K到會如何？流血、會痛、暈倒、當然也會腫一個大包，那是因為人的血管破裂，以至於在皮下凝血之故。但，石頭並沒有血管，照理說，它碰到硬物應該沒事才對。然而，阿塱壹卻有一顆怪石，被浪打到陸上又碰到岩壁，不但黑青凝血，竟也能腫個大包，真是天下奇觀！此時，最好能快步離開，因為這裡是阿塱壹的落石區之一，為了安全起見，還是別逗留的好。

發現另一顆腫歪歪的怪石

腫一個大包又黑青的腫石

第五段 阿塱壹動物園區

　　過了腫石後，您會很驚奇的發現，古道上竟有類似各種動物形狀的岩石，還彼此非常有默契地全部集中在一處，形成古道上非常特殊的「動物園區」，現在就請各位慢慢地與我來逛逛阿塱壹的動物園吧！

動物一　巨蟹岩

　　在動物園區的入口，先停止腳步往回看，就能看到一隻大螃蟹迎面而來，兩隻蟹螯往上飛舞，如果是真蟹，吃個一兩個星期，應該沒問題吧！但前提是，不要還沒吃到蟹肉，就先被巨蟹吞了。

巨蟹岩

動物二　海中睡獅

　　繼續前行，在右邊的海上，有一隻正在睡覺的獅子，仔細看看，這隻獅子睡的很香，嘴巴微張在打呼，鼻孔也上翻，頭朝海，屁股朝向陸地，不論潮水或波浪如何打，就是不會醒，很懷疑嗎？台灣並沒有獅子（別和我抬槓，動物園的不算），但阿塱壹就是有，除了這隻，前面還有一隻，很特殊齁！

獅屁股　獅子頭　獅子鼻　獅子嘴　獅子前腳　獅子後腳

海中睡獅

動物三　上岸的海龜

在古道的海上，只要時間吻合，就可以見到綠蠵龜、海龜或玳瑁，但如果季節或時間都不對，沒關係，您最少也可看到正努力上岸的海龜，而這隻海龜，就在睡獅屁股後的岸上，它為了怕頭撞到山壁，還會時不時地把頭往上翹，這就是台灣划酒拳「烏龜烏龜翹」的來源。

上岸的海龜

動物四　可愛的綿羊頭

　　在海龜岩的前面，礫石堆裡，您會發現有一隻綿羊頭，探頭出來觀望，其眼睛鼻子與嘴巴清晰可見，似乎正對著大海微笑，看其可愛的模樣，令人精神飽足，疲勞盡失。

可愛的綿羊頭

用綿羊娃娃比照上面的綿羊頭

動物五　預備跳海的蟾蜍

　　再繼續往前走大約十步路，在右前方可以看到有一隻害羞又受到驚嚇的蟾蜍，為了要脫離人群，竟準備表演跳海脫逃絕技，牠預備跳海的姿勢，實不輸墾丁的青蛙石，所以有人說牠是青蛙，但請仔細看，牠全身都是粗皮疣凸，青蛙可是皮膚光滑兼細皮嫩肉的喔！

預備跳海的蟾蜍

動物六　蒙主寵召的大金剛

　　各位看倌應該都明瞭，天主或基督教徒在「蒙主寵召」時，其姿勢是仰望天空且雙手的手指互扣，置於胸前，但是您有聽過或看過信教的動物嗎？阿塱壹就有一隻信基督教的大金剛往生，並堅持以教徒的姿勢來海葬，令人不得不佩服這隻金剛對宗教的忠誠度，位置就在跳海蟾蜍的正前方，整體看來，好像蟾蜍在告別金剛似地，那栩栩如生的模樣，真佩服上天幽默又風趣的作風！

蒙主寵召的大金剛

位置圖

動物七　海中 3P 疊蛙

　　還記得電影「海角七號」裡有一個角色叫「水雞」嗎？他是機車行的學徒，卻愛上了老闆娘，有人勸他不要這樣，他確辯白說：「你看那青蛙，一隻母的在下面，而上面卻有好幾隻公的，人家青蛙都不計較一女多男，人類幹嘛去計較！」阿塱壹的動物園區，竟然發現「水雞」的願望「水中疊蛙」，在看過蒙主寵召的大金剛後，回頭往左前方看，就能看到有三顆石頭相疊的景觀，依順序算來，最下面的應該是老板娘，中間是老闆，最上面那隻小的就是「水雞」囉！

海中 3P 疊蛙

動物八　三角龍

在電「侏儸紀公園」裡，有暴龍、蛇頸龍、翼龍等，但大家可能比較少聽過三角龍，那是一種頭與身體間的頸部，有類似三角形盾牌的龍，不過，阿塱壹就有類似三角龍的化石矗立在海邊，為了讓各位看倌明白三角龍長甚麼樣子，請比較一下網路摘取圖片，就能清楚！！

三角龍

位置圖（摘自網路）

動物九　戲水的海豚三兄弟

在花東海岸要欣賞鯨豚或海豚，必須看運氣，但在阿塱壹，過了三角龍後，隨時都可見到三隻海豚兄弟圍著圓圈在戲水，這也是阿塱壹動物園區的可愛動物之一，若有大浪襲來，海豚會忽隱忽現，像真的海豚在戲水一般，非常逼真。

戲水的海豚三兄弟

動物十　海豹上岸

　　阿塱壹的動物園區，其種類之多，令人目不暇給，在海豚三兄弟旁，半退潮時，會看到一隻海豹往海邊游來，準備上岸，仔細一看，海豹之眼睛與嘴巴（成倒 V 形）清晰可見，似乎在說甚麼話（大家猜猜牠在說甚麼，答案下一段公布），大自然的鬼斧神工，真是令人嘆為觀止。

海豹上岸

很明顯可以見到海豹張嘴

動物十一　海豹與海豚三兄弟

　　由於海豹與三海豚的位置，彼此相鄰，此時，就會明白海豹的倒 V 字口，到底在說甚麼了。因為海豹只有一隻，覺得孤單，海豚有三隻，還

圍一個圈圈，似乎在三缺一，玩得很高興，因此海豹便走向海豚，希望
能和海豚一起玩，又怕海豚不接受牠，所以張口說道：「海豚兄弟，讓我
一起玩，加上你們的三缺一，好嗎？」這種景觀的名稱，在地質學上，非
常地特殊就叫做「海豹找海豚玩」的景觀！沒有這種名稱嗎？好吧！那算
了！不研究！

海豹找海豚玩的景觀

動物十二　貪食豬

　　過了海豹與海豚岩，會看到一隻貪吃的豬公。一般的豬公，應該是咬
橘子或柚子的，但在阿塱壹的這隻豬公，卻是咬了一個比牠的頭還大的東
西，雖然吞不下去也要硬吃，結果被噎到而痛苦地閉上左眼，連豬鼻都往
外翻，真是有夠貪吃。

貪食豬

動物十三　美腿岩

　　就在貪食豬的岩石底下，出現兩位仰臥的美女，躺在左邊那位只看見下半身，而右邊那位，胸部以下清晰可見，令人驚艷！她們會是美人魚的化身嗎？就讓各位看倌，自己去發揮想像力囉。

令人遐想的美腿岩

動物十四　黑毛山豬

　　行走在山林中的山豬，竟然會跑到海中來沖涼，也算動物界奇觀，令人大開眼界，過了貪食豬，會有一隻酷似山豬的岩石，在海岸覓食，當大浪襲來，山豬也自得其樂，完全不怕海浪侵襲，這種景象，全世界應該只有阿塱壹才看的到吧！

海中黑毛山豬

動物十五　海狗討食

　　繼續向前行，會遇到有教育意義的岩石。常聽生態解說員講，野生動物不要餵食，其目的就是怕當牠們已經習慣遊客的食物後，會失去自行覓食的求生本能，萬一長時間沒有遊客到訪，野生動物便會因不想覓食而「葛屁」。你看，經過動物園區，就有一隻野生海狗，看有人上門，便仰頭向遊客討食，但，請千萬不要餵食喔！

海狗討食

動物十六　短吻鱷魚

　　在海狗旁不遠處，會有一隻兇狠的短吻鱷魚，正在海邊曬太陽，頭朝左，屁股朝右，看牠充滿殺氣的眼光與壯碩的嘴巴，還真有些令人不寒而慄。

短吻鱷魚

動物十七　望海狒狒

　　最後，在古道的岩壁上，會出現一隻望著海的大狒狒側臉，眼睛內凹，鼻子特長，嘴巴微開，正注視著每個走在阿塱壹的遊客，守護著每位遊客的安全，所以，我稱此狒狒岩為「阿塱壹的守護神」。

望海狒狒

　　繞過狒狒岩之後，堪稱是世界上獨一無二的奇觀，就要出現在眼前囉。在還沒介紹這些獨特奇觀前，我想先請教各位，您們為何想要來走阿塱壹？蛤！因為風景美麗！啥！因為聽說會開路，所以趕快來看！蝦毀！你是被硬逼來的！請大家挖個坑，把他活埋了！好啦！不管您的理由是甚麼，我幫大家想一個來這裡最棒的理由，那就是，在全世界所有的古道中，唯有阿塱壹，是配合地方俗語的古道，這就是阿塱壹，值得各位來此一遊的重要原因。咦！看各位滿臉狐疑的樣子，似乎還不明白，沒關係！我再說清楚一點。請問各位，全世界只有台灣有古道嗎？當然不是！美國有沒有？當然有！日本呢？歐洲與澳洲或非洲呢？當然通通有，但是，全世界只有台灣，有句獨一無二的俗語，內容是「有一就有二，無三不成禮」不是嗎？美國有這種俗語嗎？大家讀英文，有沒有讀過「Have one 就有 Have two，No three 就不成禮」的俗語？當然沒有，那麼，阿塱壹既然

是配合地方俗語的古道，那再請問，有阿塱壹，有沒有阿塱二？沒有！這樣的話，阿塱壹就不是配合地方俗語的古道囉！既然是有一就有二，無三不成禮，當然就有阿朗二與阿朗三！這樣才符合世界獨一無二，配合地方俗語的古道！看各位還是一臉狐疑，似乎還是不信！好吧！請看以下的證據，就可證明我所言不虛。

大家請看看岩壁上，有看到阿拉伯數字的 2 嗎？這就是阿塱二！

岩壁上有〈2〉的褶曲線，這是阿朗 2

再往二的旁邊看，見到岩壁上出現了阿拉伯數字 3 的圖案嗎？這就是阿塱三囉！

岩壁上有〈3〉的褶曲線，這是阿朗 3

　　而阿塱二與阿塱三，就在隔壁而已，令人不得不佩服大自然的鬼斧神工。更奇妙的是，老天爺為了怕各位迷路，特別在岩壁上標示了箭頭，讓遊客知道該往哪裡走，上天的慈悲，在阿塱壹表露無遺。

壁上有〈阿塱壹往這邊走〉的箭頭指標

　　另一個奇觀是，請問各位，動物園的不算，台灣有老虎嗎？我問的是老虎，別告訴我，台灣有石虎或壁虎！沒有！怎麼會沒有，我家就有！台灣有獅子嗎？甚麼！又沒有！阿塱壹就有！請各位往上看，岩壁上有一隻！還大開口咧！左邊的洞就是獅子的口，開口的上方，是獅鼻，再來往右邊是獅眼，接著是耳朵（阿塱二）與鬃毛，各位看看，是不是一隻獅子頭？！請和下面的圖案做比較，就能一目了然囉！

獅子頭岩

這樣看出獅子頭了嗎

我畫張獅子圖，就一目了然。

　　阿塱壹的奇觀，不僅於此，這裡還住著一位大人物，而這位大人物是誰呢？大家應該都經過童年，不會一出生就是這個樣子吧！大家在童年期間，或許和我一樣，喜歡看童話故事與卡通吧！那各位有沒有看過叫「小飛俠」的卡通？我說的不是科學小飛俠，而是世界童話名著《小飛俠彼得潘》！在《彼得潘》的故事裡，有位船長，名叫虎克，因為他是船長，所以常駕著船到處漂泊。當他某天航行在太平洋，經過台灣南部時，見到阿塱壹美麗的風景，竟然愛上了它，就決定在此定居。為了證明定居者是虎克船長，我先請問一下，虎克船長有甚麼特色？眾所周知，他有一隻眼睛故障，也有一隻手因為斷掉而裝上鐵勾，所以，請各位找找看，虎克船長在哪裡？只要找到只有一隻眼以及帶鐵鉤的人，就是虎克囉！甚麼！找不到！這麼明顯又這麼大一隻也找不到！上一次我帶蕭煌奇和李炳輝來，他們都找到了，各位竟然找不到！好吧！不吊各位的胃口，請看阿塱二正上方的山頂，看到頭戴三角形海盜帽，右眼壞掉，嘴巴又很大的人像嗎？他就是虎克。比較一下相片，就可證明他是虎克而不是我在「唬爛」。

虎克船長的岩相，戴著一頂海盜帽，他的左眼不見了。但也有人說他像「拿破崙」

虎克船長對照圖

　　而虎克船長的鐵鉤就在虎克的岩壁下，剛好就在手的位置，還真稀奇。各位遊客，大家注意看看虎克船長的鐵鉤像甚麼？我很懷疑，某知名的運動品牌標誌，其靈感是否取自於虎克的鐵鉤。

虎克的鐵鉤，就在岩相的正下方

　　再繼續往海岸林走，會經過海龍的出沒地，必須噤聲且快速通過，否則吵醒了牠，可會吃不完兜著走喔！其實，自從 88 風災過後，又經過天枰與天兔兩次颱風的蹂躪，阿塱壹不但海岸地型改變，更增添了許多漂流木。而這根酷似海龍的漂流木，眼睛黑又大，嘴巴寬又長，且正好出現在路邊，讓古道多了一些樂趣與解說題材。但有遊客說，這像動畫卡通（花木蘭）裡的木須龍，你們認為像嗎？

海龍漂流木，有眼睛與嘴巴

第六段　海岸林步道

　　過了木須龍漂流木，有兩條路徑前往沙灘，一條是走礫石灘海岸，但一般只有在下大雨過後，海岸林步道充滿爛泥巴，以及春夏豐水期的里仁溪（在地人稱為乾溪，因為溪谷常呈乾枯狀況）暴漲時，才會走礫石灘海岸。

礫石灘海岸

　　正常的路徑是走海岸林步道，這是一條生態廊道，因為步道內有著各式各樣的動植物可以介紹與解說，精彩度不輸之前介紹的海巡產業道，現在就和我一同進入步道，欣賞步道內的熱鬧生態。

　　在進入步道前的左邊山壁上，春夏季會看到鐵炮百合，綻放在山壁的草皮上，有人會以為它是台灣野百合，一時興起，還會高唱〈野百合也有春天〉的民歌。其實，鐵炮百合與台灣野百合，兩者的差異性是很容易區分的，台灣野百合的花瓣外圍有紫色的條紋，鐵炮則潔白無瑕，無任何雜質，這樣應該明白了齁。

台灣野百合，花瓣外圍有條紋。（圖片摘自網路）

鐵炮百合，花瓣外圍潔白無瑕。

　　依據這種鑑定百合種類的條件，請各位看看山坡上的百合，其花瓣外圍可有任何條紋或斑點？所以它是鐵炮百合，並非台灣野百合。

春天的山坡上，常常可見台灣的「鐵炮百合」，它不是台灣野百合喔。

　　繼續前行，兩旁有許多開滿白色小花的植物，如果從花叢中間或旁邊走過去，褲管上會黏住許多針狀物，那是名叫甚麼的植物？在介紹它之前，我先讓大家猜一下謎語來助興，「閻王殿開辯論會」，猜一種植物！

甚麼！鬼話連篇！有這種名字的植物嗎？蛤！猜不到！讓我給你們一些提示，閻王殿甚麼最多？答對了！阿飄最多！如果阿飄在開辯論會，狀況會如何？沒錯，閻王殿開辯論會的答案就是「鬼針草（真吵）」，也就是咸豐草，俗稱「恰查某」。在台灣，有三種咸豐草，稱為「大花咸豐草」、「小花咸豐草」與「黃花咸豐草」，一般看到的，90% 以上都是大花咸豐草，而大花與小花兩種咸豐草，都是外來種，唯有黃花咸豐草，才是原生種的鬼針草。這三種咸豐草要如何分辨呢？很簡單，小黃花外圍的白色花瓣，如果超 0.5 公分以上，就是大花咸豐草，若低於 0.5 公分的，就是小花咸豐草，白花瓣不明顯甚至沒有的，就是原生種的黃花咸豐草。剛剛談到，90% 看到的都是外來種的大花咸豐草，反而原生種的黃花咸豐草很少見，今天遇到我，算你們好運，我就帶大家看看原生種的鬼針草長甚麼樣子。首先，摘一朵大花咸豐草的花朵，用另一隻手指先捏住一片花瓣，然後開始念咒語：「她愛我，她不愛我，她愛我，她不愛我……」，唸一句，就摘一片花瓣，一面唸，一面摘，摘到最後，只剩黃色的，這就是原生種的黃花咸豐草了。如何？開眼界了吧！

大花咸豐草

摘一朵大花，開始唸咒：她愛我

她不愛我

她又愛我

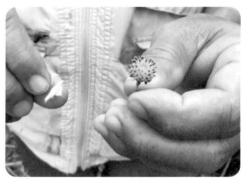
最後就是原生的黃花咸豐草

　　繼續前行，在路邊會發現酷似番茄，但樹枝卻長滿小刺，果實也像聖女小番茄的植物，那是俗稱「刺茄」的有毒植物，雖然有毒，但是可以吃，我小時候在野外就常吃這個。怎麼！又不信了！不信我就吃給您看！因為果實和樹枝連的非常緊，用摘的話，會被樹枝上的刺扎到，所以必須用剪的或用刀割。誰有帶刀來？借我一下！都沒有人帶喔！那就對不起，沒辦法吃給您們看了，（好佳在）！甚麼！您有帶刀！您帶刀來幹嘛！反正就一定要看我表演吃刺茄就對了啦！

　　其實刺茄未成熟、果實還是綠色時最毒，千萬別碰它。但當它的果實呈現黃色或紅色時，卻是可食。我小時候就常隨著大人採食這種果實來吃，但，能吃的部分只有白色的果肉部分，其外皮與種子都必須丟棄，一

般都先把果實剖半，挖掉種子後，用牙齒把白色的果肉刮下吃掉，剩下的外皮也丟了。由於它由綠轉黃再轉紅，有人就誤認為黃水茄，其實紅水茄才是它真正的外號。

刺茄的葉

刺茄的幼果

刺茄的幼果與熟果

刺茄〈紅水茄〉

　　再往前沒多久，會發現酷似夏威夷景觀的海景，沒錯，這就是不用搭飛機或坐船，可以直接出國的阿塱壹夏威夷，只要你在此拍照，然後拿回去炫耀，說您來夏威夷一日遊，一定有人會相信。但，去過夏威夷人會打臉，因為，夏威夷充滿沙灘而較少礫石灘，但這裡卻只有礫石灘而無沙灘，騙不了明眼人。

　　早期這裡的椰子樹都是直挺挺地，完全只有南國風而無夏威夷風，直到某年的颱風，把右邊的椰子樹吹倒一半，就形成了頗具夏威夷風的景

觀，在這裡拍張照，然後回去告訴親友，就說您今日到夏威夷一日遊，保證有人會被您唬得一愣一愣的。但是，若有人去過夏威夷，應該不會被您騙到，因為夏威夷都是沙灘，少有礫石灘，而阿塱壹盡是礫石灘，少有沙灘，看看椰子樹後面，都是礫石，就露餡囉！

阿塱壹的景觀，就是如此迷人，連上天都不斷地在修飾與改造，真是謝天謝地謝神明！

因為颱風的關係，把椰子樹吹歪，形成了阿塱壹的夏威夷。

過了夏威夷，路邊會出現只在海邊才會有的蕨類「海岸擬弗蕨」，或稱「海岸星蕨」，它的特色是葉背（又稱遠軸面）有兩排甚至四排的孢子囊，有如長瘤一般，所以外號也叫「瘤蕨」，甚至也有點像青春痘，故而有遊客戲稱他為「面皰蕨」，是一種好玩又有趣的海岸特有蕨類。

海岸擬弗蕨或海岸星蕨

海岸擬弗蕨背面（遠軸面）的孢子囊

接下來，是走在一段早期當地人稱之為椰子林的產業道路，只是椰子樹雖然眾多，卻因沒人照顧，幾乎都已無結果了。沿途還可見到工寮與電表，之所以會稱為椰子林道，就表示以前椰子產量眾多，光看林道旁的椰子數量，就可見當時椰子盛產的狀況。

驚豔 阿塱壹（琅嶠 - 卑南古道）

早期的椰子林工寮

隱沒在蔓草中的電表

椰子林道

漫步林道上，令人舒爽。

　　走在椰子林道上，兩邊長滿了喜愛登山者的救命仙丹。救命仙丹？有那麼誇張嗎？那我請問大家，我們登山最怕遇見甚麼？蛤！蛇！熊！猛獸攻擊！如果遇到那些，你就只有拼命奔跑或認命的份。請想想，如果在深山裡，我們的水喝光了，又找不到溪流水源時，客官作何處置？什！喝尿！您們以為尿是任何人都喝得下的嗎？找別人要！別人自己都缺水了，哪有剩餘的水分你喝？所以說，老天是慈悲的，在台灣的中海拔以下，由東到西，由北到南，幾乎長滿了這種通稱（腎蕨）的植物，之所以稱為腎蕨，是因為其孢子囊形狀像腎臟，但也有人說是因為其根部的球（塊）莖像腎臟，儲存了水份之故。姑且不討論其名稱來源，當我們缺水時，只要找到腎蕨，就一切 OK 了，因為不論時何種腎蕨，其根部的球（塊）莖就有水份，只是因種類的不同而有份量之差別，阿塱壹比較常見的腎蕨有三

種，即腎蕨、毛葉腎蕨及長葉腎蕨，它也是同時擁有三種莖的植物，除了同時有直立莖及匍匐莖外，在較乾旱的環境下，還會長出塊莖，可用來貯存水分及養分。

　　腎蕨也是很好辨識的植物，外觀有點像聖誕樹的超級濃縮版，千萬別認錯了喔！要喝它的水，別一口吞，必須先咬破球莖，再由洞口把水分擠出喝或吸入，正常大約喝個五到六顆就行了。

長葉腎蕨，葉較長又寬。

毛葉腎蕨，葉較短又窄。

腎蕨根部的儲水囊，充滿水分。

腎蕨的儲水囊近照

註：古道範圍內，嚴禁撿石頭與破壞生態，這腎蕨的儲水囊相片，是作者
　　在其他開放的山區，做解說時所拍，絕非在古道內所做的不良示範，
　　特此聲明。

　　繼續前行，在林道的兩邊，會看到葉子有點像薄荷，花的位置卻有高
有低，位置不一，甚至有不開花的奇怪草本植物，聞起來又不像薄荷有辛
辣味，這種植物的穗很長，故稱為「長穗木」。由於在穗上有紫色的花附
著其上，因此也有人多此一舉，稱它為「紫花長穗木」。長穗木？它不是
草本嗎？為何會稱為「木」？那是因為當它成熟時，枝幹會木質化，猶如
樹木一般，所以才會有如此的稱呼。它的花只有一天的壽命，早上開，傍
晚就謝，因此在長穗木底下會有許多紫色花瓣，隔天還會再開，但會比之
前的位置更高些，由此便可認定，花的位置越低，表示穗越年輕，位置越
高，表示越老。穗上有黑斑而無花的，這是植物的老人斑，表示快玩完了。
整枝穗已成乾枯狀，呈咖啡色，就表示已經玩完了。但對整株長穗木而言，
卻是健康的，並不會因此而隨之消失，猶如人一樣，我們的指甲、頭髮以
及血液，會隨時替換，這就叫新陳代謝，人會因為常代謝而保持健康，長
穗木的狀況亦同，而這種可以無限長出花的花序，就稱為「無限花序」。

（紫花）長穗木

在長穗木的地上，常有許多紫色花瓣，那是前一夜掉落的。

花的位置，在每根穗上都不會一樣。

無花又有（老人斑）的穗

乾枯的穗

　　在長穗木周邊，有一種和它簡直是雙胞胎弟兄的植物，一樣是長在穗上的花，每朵花的位置都不一樣，在地上也可以看到前一夜掉落的紫色花瓣，同樣具有沒花與乾枯的穗。大家可以看出他們的差異性在哪裡嗎？仔細觀賞，其差異性有三，其一：葉脈差別。長穗木的葉脈皺褶較明顯，有

點像薄荷。其二：花色差別。長穗木的花色較深，其三：粗細差別。長穗木的穗較細。這種長穗木的雙胞胎兄弟，若要表現出自己博學多聞，那就稱它為「藍蝶猿尾木」，因為它的花色較淺，看似一隻藍色的蝴蝶，停在猿猴的尾巴（長穗）上。若是很難記住名稱，因為它和長穗木差別不大，可能是牙買加特別多或是在牙買加發表的吧？就直接稱它為「牙買加長穗木」也行。

藍蝶猿尾木（牙買加長穗木）

葉脈皺褶不明顯與花瓣顏色較淺

地上同樣有前夜掉落的花瓣

在長穗木的葉上或紫花旁，常常會發現某種動物，樣子像很小隻的螃蟹，牠是名叫「蟹蛛」的一種蜘蛛，不會結網，以花蜜與小昆蟲為食，由於體積小，要發現牠，必須有一對火眼金睛，加上耐心與細心才行。

 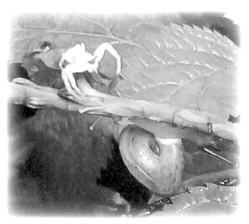

酷似螃蟹的蜘蛛 ➡ 蟹蛛　　　　　　　　　　似乎想捕食蝸牛的蟹蛛

看完了植物界的雙胞胎，以及生活在長穗木周邊的蟹蛛，隨即又可看到俗稱會走路的蘭花「文殊蘭」，何以請菩薩的名字來當花名呢？還是這位「文殊菩薩」喜愛這種植物？不得而知。那為何稱這種植物為會走路的蘭花？因為它的花成熟後，會往下垂，然後再長一棵新的，舊的就自行斷離，然後新的文殊蘭成長後，又往下垂，再生一棵新的，如此不斷地重複生長，如果用縮時攝影來拍文殊蘭的生態，會發現它有如拱橋般，不斷發展，好像在走路一樣，故名之。但是，雖然稱之為「蘭」，它卻是百合科而非蘭科，這點千萬別搞混囉。

據說在花蓮的阿美族姑娘們，很會善用文殊蘭，只要冬天一到，小腿的肌膚很容易乾燥脫皮，所以阿美族的女士們就會用文殊蘭的葉子包小腿，有如敷臉的面膜，皮膚會變得很嫩，另外，文殊蘭也是很好的藥草，部落的孕婦生產後身體虛弱，族人會採集文殊蘭的葉子加水煮過，給產婦洗澡用，據說體力很快就恢復了。

文殊蘭的花

文殊蘭的果

　　走在海岸林中，常會看到叫做月桃的植物，充滿整個林道。但，別以為它就叫「月桃」那麼簡單。這種叫月桃的植物（註：台灣的月桃有十八種，我強調的只是這種月桃，所以別打臉），在阿塱壹看到的，或在恆春的其他地區看到的，就必須稱它為「恆春月桃」。別笑，並不是因為它長在恆春的關係，大家發現到它的特色了嗎？一般的月桃在其他地方，花序是下垂的，而在恆春的月桃，花序是上翹的，所以植物學家就把它稱為「恆春月桃」。早期的仁丹或較晚期的口味兒，就是用月桃的種子改良而成的（除了一般的月桃，花序是向下外，幾乎其他的月桃，花序都是向上，所以一般的月桃，雖然很常見，反而成為很特殊的品）。

恆春月桃花

恆春月桃幼果

成熟的果，裡面銀白色的種子，就是以前製作仁丹或口味兒的材料。

　　繼續前行，即將到達預定的第一休息區，俗稱乾溪的里仁溪。兩旁都是長得比人高的草，主要有芒草與象草，它們最大的區別就在花序，芒草的花序呈髮狀，象草的花序成蟲狀。而成蟲狀的花序，有點像狼的尾巴，所以象草又稱為狼尾草。

芒草

芒草的花序，有如頭髮。

象草，又稱狼尾草。

象草的花序，如蟲蟲。

而象草的莖，有如甘蔗般，一節一節的，如果把它的外皮剝到剩下嫩心來啃咬，水分特多，若在冬天吃它，甜度不輸甘蔗，它和腎蕨一樣，也是野外求生的水分來源之一。

小時候閒來無事，隨著大朋友到野外玩，會摘象草的花序來玩，玩法有兩種：其一為，用手掌握住它，不斷捏緊放鬆，再捏緊放鬆，花序便會有如蟲一般地，向上或向下滑動，蠻好玩的。其二為，把象草花絮摘回家，然後找一塊長方形的木板，在木板兩端釘上兩根鐵釘，掛橡皮筋在兩根鐵釘上，形成長圈圈，把象草的花絮放在橡皮筋上，用手指彈橡皮筋，則象草的花序，就會隨著節奏而前進或後退。

以前小時候的玩具，全是取之於大自然，還必須全部 DIY，現在只需有錢，要什麼有什麼，雖然方便，卻讓我覺得離自然越來越遠。唉！

玩一玩象草的花絮

讓象草花序在橡皮筋上游動的裝置

乾溪之名稱由來，乃此溪一年到頭幾乎呈乾涸狀，在春夏的梅雨季或豐水期，才會有潺潺流水。一般遊客到此都會泡泡腳以紓解疲勞，但遇到大雨時，甚至還會產生力量驚人的強勁水流，此時，唯有往海邊的礫石灘前進一途了。

里仁溪（又稱乾溪）

由乾溪望向海邊，都是碎石。

早期為了怕獨行的遊客迷路，所以做了這件指示架，目前因為被溪水沖走，已消失無蹤了。

豐水期的里仁溪

遊客在里仁溪洗足

　　如果不想泡腳或逗留，遇到有溪水，不想讓鞋子濕掉，咱們阿塱壹的解說員用心良苦，特別搭建一條小木橋，讓遊客可以跨越溪流。但這木橋是用不太堅固的漂流木搭建的，如果體重超過八十公斤，請您還是脫鞋子渡河吧！否則把木橋踩垮，又害自己受傷，就划不來了。

作者示範如何渡溪

遊客渡溪中

　　好！休息完畢！繼續前行！走沒多久，右邊會看到一棵果實像芭樂，但又不是芭樂的樹種，那是桑科榕屬的「稜果榕」，因為果實表面有稜，故名之，別名「大冇（ㄇㄡˇ）榕」或「豬母乳舅」，植物界常用「XX舅」來稱呼相似的植物。屬於無花果的一種（桑科榕屬都是無花果），因為沒

141

看到它開花，就結果了。其實，沒有不開花就結果的植物，之所以沒看見開花，是因為它是隱頭花序，花被包在果實中，由固定的榕小蜂負責授粉（每種榕屬的榕小蜂都不同），所以，果實內常有蜂蛹在裡面。當果實成熟後，如果想吃，一剝開，發現裡面有蟲，那恭喜您，那是蜂蛹，外面炒一盤也要千餘元，您就吃了它吧！不但止飢，還可以補充營養。

表面有稜有角的稜果榕

　　再往前行，會見到解說團隊暱稱為「別墅」的廢棄小屋，這間小屋的前方，地皮很明顯的下陷約半層樓高，這和這間別墅有很密切的關係，猜猜看，是甚麼關係？沒錯，下陷的地是人工挖出來，引進海水的養殖場，而這間別墅就是魚塭寮，以前聽說是養草蝦或吳郭魚的塭仔，雖然已經廢棄，但屋頂還沒完全塌陷，下大雨時還是可以躲雨喔！

海岸林中的別墅魚塭寮

魚塭寮的另一邊

這間魚塭寮，如果下雨沒帶傘，躲雨還是蠻好用的。

　　過了魚塭寮，繼續向前行，在左邊的沙地上，會有數十株不起眼的小草，別看不起這些小草，它可是含有豐富的微量元素，據說有清熱解毒、活血化瘀、治療中暑、降肝火…等等的功效，根部細長，狀如人參，俗稱「山參仔」，多生長在空曠沙地和海邊，它就是在地人稱為「恆春一條根」的「風茹草」，如何！厲害吧！

長在沙地上的風茹草　　　　　　　　　根部特別長的山參仔

　　再繼續前行，一樣在左邊的沙地上，會看到酷似林投葉縮小版的植物「海濱莎」，聽說這種植物圖片不好找，是莎草科下的一個屬，為多年生草本植物。該屬僅有海濱莎一種，只分佈於海岸沙灘。在台灣，似乎已很少見，聽說東北角的福隆還有，在這裡，竟然也存在著這種稀有植物，而

且只有這一小段，短短不到三十公尺的沙地上才有，可見阿塱壹生態之豐富。

海濱莎

海濱莎的花

在海濱莎的周邊，會看到長滿金色藤蔓的植物，走到這裡，我要和各位遊客打賭一下，如果找的到這種金黃色藤蔓植物的根，我無條件到你家掃地掃三年，薪水全免，三餐我自理，如何？沒錯！這就是俗稱無根草的藤蔓植物，和他的家族「菟絲花」簡直雙胞胎，別以為它們的名字取得如此淒涼或美麗，它們可是植物界的吸血鬼，因為沒有根，所以養分全吸取左鄰右舍的精華，因此在它周圍的植物，幾乎都是枯萎乾燥的居多，但無根草與菟絲花貌雖相似，卻屬於不同科別，無根草屬樟科，菟絲花屬旋花科。

這種植物，似乎在啟示與警告世間的女孩，如果遇上了這種無根草或菟絲花的男友，你該如何處理？任他吃乾抹淨，或是如除草般地斬立決，立刻斷交？別傻了，遇到這種男友，除非讓他知道妳已無利用價值，否則他一定死皮賴臉吃定妳，所以，要讓這種菟絲花屬的男人離開，你必須向他哭窮，甚至找理由開口向他借錢，保證他三更半夜就靜悄悄地不告而別。我這麼說，會不會洩漏天機啊？

無根草

　　漫步在耶林大道，沿路會和許多野生動物不期而遇，就算自己一個走，也絕不寂寞，所以走在林道中，千萬別趕路，以免入寶山而空手回。現在咱們來看看，大概會遇到甚麼樣的動物朋友。

　　伯勞鳥。雖然伯勞是候鳥，但因為恆春半島氣候溫暖，也有想要定居不想離開的伯勞，時間一到就是不北返，成了恆春居民的一份子。

死皮賴臉，不北返的伯勞鳥。

　　烏頭翁。台灣從宜蘭到恆春，幾乎整個東海岸都是烏頭翁的棲地，其他由基隆到屏東，整個西岸，是白頭翁的棲地，原本壁壘分明，但有些宗教團體，抓白頭翁來恆春放生，讓生態混亂，目前恆春半島已有雜交的灰頭翁（又稱雜頭翁）出現，放生的精神很慈悲，但現在放生的做法已變質，有商業買賣行為的趨向，放生應以不破壞自然生態與適合動物生存為原則。因為，不適合的環境，放生等於殺生，我就曾見過把淡水魚放生到海裡的行為，真是要不得。假如我把你從台灣抓來關幾天，讓你餓昏了，再放生到非洲去，請問你會感謝我嗎？？

烏頭翁

　　烏頭翁與白頭翁，外觀類似，只差在頭頂的顏色，別問我為什麼恆春是烏頭翁，前面不是已經講過很多次，這裡是北回歸線的國境之南，太陽強烈，所以曬黑了，這樣明白嗎？其實這和非洲為何是黑人，亞洲是黃種人，歐洲是白人，美洲是紅人的道理是一樣的，應該是環境因素造成的吧！

烏頭翁近照

　　螳螂。在大型樹葉上，很容易會發現各種昆蟲類動物，其中螳螂算是最容易發現的昆蟲之一，其種類之多，會讓人目不暇給，其體態雖婀娜多姿，但捕食獵物卻又毫不留情，也算是昆蟲界的恐怖殺手。

大刀螳螂

寬腹螳螂

　　走在整條海岸椰林道上，一年四季，總會有或多或少的蝴蝶與蛾，陪伴著遊客走古道，而最常見的，屬粉蝶與斑蝶類，較少見的，就是鳳蝶類囉！尤其是穿著黃薄紗的特有種「黃裳鳳蝶」囉，所以走古道，千萬別急著趕路，最好是仔細認識大自然的朋友，才不枉費這麼勞苦地來古道走一遭。

　　台灣黃裳鳳蝶。雄蝶下翅表面黃色，翅緣具黑色斑（如下圖），雌蝶後翅表面具黑色斑塊，呈黑、黃相間的斑紋。

黃裳鳳蝶（台灣特有）

　　台灣烏鴉鳳蝶。渾身烏漆抹黑，尾突則是布滿鱗片，與黑鳳蝶的相異處，黑鳳蝶無尾突，後翅面前端有一條白色橫帶，翅的周邊呈波浪狀。

台灣烏鴉鳳蝶（穹翠鳳蝶）

　　青帶鳳蝶。翅膀表面黑色，有一條水藍色的橫帶斑紋橫跨全翅，尾突不明顯，畫面很難拍，因為牠們飛行速度很快，屬於蝶類的過動兒，只有在它們停止吸水取蜜時才好拍。

群聚的青帶鳳蝶

　　台灣黃斑蛺蝶。翅膀表面橙黃色，翅前端呈黑褐色，具黃色的斜帶，近後緣內具黑色斑點。

台灣黃斑蛺蝶

　　大紅紋鳳蝶。翅膀表面黑色，後翅中央具兩枚白色的大斑，後翅兩邊有紅斑排列，尾突端部有紅斑，普遍分布於中低海拔山區，為公園、學校常見的蝶類。

大紅紋鳳蝶

　　單線蛺蝶。翅膀中央有一條白帶貫穿呈一字形，以前的人稱它為小一文字蝶，分布於低海拔山區，以玉葉金花與水錦樹等植物為寄主。

單線蛺蝶

　　眼紋擬蛺蝶。翅膀表面暗褐色，前翅具一枚橙色的大眼紋，內有黑色及白色的斑點，後翅表面有兩枚一大一小的擬眼紋，故名之。又名麟紋擬蛺蝶或蛇眼蛺蝶，普遍分布於平地至低海拔山區。

眼紋擬蛺蝶

　　白紋黑小灰蝶。翅膀表面黑灰色，有斷續不連接的波浪狀斑紋，非常好認。上翅腹有明顯的白色圓形大斑，分布於低海拔山區，以中、南部山區較多見。

白紋黑小灰蝶

　　台灣黃蝶。屬於粉蝶類，台灣到處都有，喜歡群聚，我小時候，在山區就曾經見過黃蝶夾雜著其他少量的蝴蝶，形成像西瓜一樣大的蝴蝶球，受驚嚇時，那漫天四處飛舞的黃蝶群，非常壯觀，到現在還深深留在記憶中，永遠忘不了。

台灣黃蝶

　　燈蛾。這看不出是甚麼東東，只能確定它是蛾類，或許是燈蛾的一種。而燈蛾的成蛾，大部分在夜間活動，有向光性，喜歡撲近燈火，所以有「飛蛾撲火」的成語，燈蛾的名稱就是這麼來的，另外也有人稱它為「撲燈蛾」或「飛蛾」。

某種燈蛾

　　黑腹角櫛螢。觸角櫛齒狀，是螢火蟲的一種，故稱為角櫛螢。前胸背板紅色，翅呈黑色，小楯板黑色。分布於中低海拔山區，東部和南部較多見，晝夜都會活動，是電力不足的螢火蟲，夜晚的光很微弱。

黑腹角櫛螢

　　大琉璃食蟲虻。體色黑色，兩側黑長毛濃密，腹部黑色，後段的背板有光澤，翅膀藍色具琉璃光澤，腳黑色。屬大型的食蟲虻，飛行快速，能於空中捕捉昆蟲，用嘴上利劍（口器）刺穿獵物後帶離，再找隱密的地方獨自享用美食，算是不懂分享，很龜毛的蟲類。食蟲虻習性兇猛，連體型很大的蟬，甚至於蜘蛛，也照吃不誤，是昆蟲世界的殺手。食蟲虻又稱盜虻，可見它在昆蟲界「殺蟲不眨眼」的凶狠地位。

大琉璃食蟲虻

　　棘蛛。棘蛛類的蜘蛛都非常的小，除非刻意搜尋，否則常常會忽略它的存在。而棘蛛的種類繁多，相片上的棘蛛是刺苔娜蛛，長得像鬼臉，又有一副鬥雞眼，一般棲息於果園及山地樹林。

有鬥雞眼又像鬼臉的棘蛛

人面蜘蛛。人面蜘蛛的雄、雌蛛，體型相差懸殊，雌蛛八隻腳張開，如手掌般大，頭部的白色紋路酷似人臉，是台灣最大型的蜘蛛。而雄蛛只有五公厘大小，呈橙紅色，常在雌蛛所結網的四個角落伺機而動。人面蜘蛛雖有毒性，但多用在麻痺獵物，並不會主動攻擊人類。

有人認為人面蜘蛛的雄蛛，只會撿雌蛛網上的廚餘來吃，不自己結網。其實，雄蛛會在雌蛛網上的角落裡，織七角型的小網呢！

最特別的是人面蜘蛛的生殖方式，因為雌蛛見到雄蛛，會直接吃它，連行周公之禮都不要，和黑寡婦不同（黑寡婦蜘蛛，至少會在洞房後，才吃掉雄蛛，新婚之夜，就把自己變成寡婦，故名之），而兩者的體型又相差如此懸殊，所以雄蛛只好先將精苞先置於雌蛛的網上，再以前腳的儲精囊弄出精液（儲精囊竟然在前腳上，真是奇葩），把精苞填滿。當儲精囊填滿了精苞，雄蛛就等雌蛛脫殼，外骨骼尚未硬化，行動遲緩時，趁機躡手躡腳地前進，在雌蛛的大門牙前，停住腳步，快速的用前腳，將精苞塞入雌蛛的外生殖孔內，然後立刻落跑，退回到安全的距離，以防被雌蛛吃掉，這種硬塞式的的生殖方式，看在人類眼裡，還真是毫無情趣可言。

人面蜘蛛產卵是在地上，再以金色的絲包覆，不像一般蜘蛛掛在網上或綑綁身體帶著走，所以，只要看到人面蛛離網到地上，就知道牠準備產卵了。

或許大家會問：「蜘蛛在網上，難道不怕被自己的網黏住了嗎？」仔細觀察，蜘蛛的八隻腳，都巧妙的跨在縱絲上，橫絲上密集很多黏球，縱絲則沒有，所以蜘蛛網黏附昆蟲是橫絲所造成的。但是，有沒有蜘蛛會笨到踩到橫絲而被自己的絲黏住，無法自拔呢？有的話，把它拍下來，看看蜘蛛在自己的網上掙扎，意圖脫困，將會是很有趣的畫面。

人面蜘蛛，頭部白色紋路似人臉　　　　　　　人面雌雄蛛的體型差異大

　　人面鬼蛛。人面鬼蛛的背部圖案，像極了帶小丑面具的人像，有「微笑殺手」外號之稱，一般都分布在平地至低海拔的山區，會棲息在較低矮的灌木中，喜歡在葉子的前端，架構薄幕狀的網。

酷似帶小丑面具的鬼蛛　　　　　　　　　　　用餐中的鬼蛛

　　紅姬緣椿象。在平地、低海拔的地區，尤其是台灣欒樹的周邊，每到春夏時節，只要低頭觀察，就會有機會發現紅色的小不點在活動。

　　本種昆蟲最大也最喜愛的食物就是台灣欒樹，除此之外，他們也會吸食其他無患子科植物的液體。

紅姬緣椿象

　　善變蜻蜓。胸部及腹部紅褐色，翅膀也是紅褐色，翅尖端呈透明狀，雌蟲體色有兩型，紅色與黃褐色型，翅痣黃白色或紅色，雌蟲因為體色多變，這是善變蜻蜓的名稱的由來；

善變蜻蜓

　　黃腹鹿子蛾。普遍分布於平地至低海拔山區，日行性，喜歡訪花吸蜜。腹部肥胖寬廣，腹端黑色，翅端較弧圓，白天常見於葉背休息。

黃腹鹿子蛾

　　白斑星天牛。大顎與觸角，自鞭節起，每一節的基部為白色。體色黝黑，身體表面與翅鞘散佈白色斑點。鞘翅自頭部數起，第二道斑點很明顯橫向發展。以前危害木麻黃、苦楝等樹木，後來也啃食荔枝、番石榴、柑桔等重要果樹，因為喜歡啃蝕樹木之根部，不易被察覺，造成農民慘重損失。

白斑星天牛

大黑星龜金花蟲。外觀好像瓢蟲，但它的觸角長，端部黑色，背部及翅膀呈透明狀，翅背有大大小小的黑點，分布於平地至中低海拔山區，常見於甘藷、牽牛花等植物中，幼蟲群聚時，會將葉片咬得千瘡百孔，所以只要看到葉片被咬得不成葉形，應該就找得到它的蹤跡。

大黑星龜金花蟲

班卡拉蝸牛。左旋，殼表具有殼皮，呈黃褐色並具有光澤，主要分布於台灣恆春半島，樹棲型。與阿猴蝸牛（屏東特有）外觀相似，差別只在螺旋分別為右旋與左旋，右旋則是阿猴蝸牛（屏東蝸牛）。

班卡拉蝸牛（左旋）阿猴蝸牛（右旋）

　　信不信一隻小小的班卡拉蝸牛，竟然可以幫助恆春的警察，破獲盜採林木的山老鼠？當某年某月的某一天，有人向國家公園警察檢舉，說有山老鼠在盜採林木，當員警到達後，山老鼠已載完珍貴林木，驅車離去，警員就緊跟在後，一路跟到北部，等山老鼠在交易時，上前逮捕，但山老鼠打死不承認，主張那些木材是在北部採的，正在僵持不下時，突然，一隻班卡拉蝸牛緩緩從木材中爬出，警員可是有讀書的，知道這種蝸牛只存在於南部，當下對山老鼠機會教育，講到山老鼠啞口無言，聲淚俱下，因為他們當場被人贓俱獲，逮捕歸案。

　　事後，這隻幫助警員破案的班卡拉，不知有沒有被帶回警局，召開記者會，公開表揚，則不得而知。

　　斯文豪氏攀木蜥蜴。整條古道，不管在何處，都能見到它們的蹤影，時常會在樹幹上活動，或躲在葉子後面偷看，在地人稱這種動物叫「干干ㄚ磊」，比外國人取的中文名字，簡單扼要多了，只是，為何會取這種唸起來怪怪的名字，就不得而知了，或許當地原住民語吧！

偷看遊客的蜥蜴

高難度的偷看姿勢

　　長腳蛛。會捕食遊走性害蟲，如蛾蝶、椿象等，是稻田中常出現的捕食性節肢動物，也是友善水稻田的指標物種，它是農民的得力助手，更是免費勞工，所以請別因為它的外表而傷害它喔！

葉上的長腳蛛

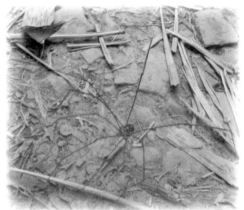

地上的長腳蛛

　　長肛竹節蟲。竹節蟲一般都比較喜歡陰暗的環境，體型呈枝條或扁平葉狀，擅長模仿週遭環境的形狀及顏色，當遭遇危機時，身體會保持靜止不動，稱為擬態，是欺騙敵人的方法之一。

草堆的竹節蟲，很難發現。

長肛竹節蟲

　　蜥蜴。蜥蜴雖是低等的脊椎動物，但卻能從被截斷的手臂切面，長出新的神經、骨頭、血管與肌肉，重新生出完好的手臂。如果人類可以發展出這種能力，那就不用怕菜刀切到手指或身體的任何損傷，骨科醫生就要哭囉！如果生技或醫學界，能夠研究出蜥蜴再生的秘密，然後用在軍人身上，就沒有人會陣亡，打戰一定能百戰百勝。

蜥蜴

放大的蜥蜴，酷似恐龍。

很容易被發現的蜥蜴情侶

　　竹雞。只生活於台灣中低海拔山區，灌木叢或樹林中常可見到牠們的蹤跡，喜歡鳴叫，聲音尖銳而響亮，雌性發出較單調的「嘀、嘀」短聲，雄性聲音及聲調則酷似「雞狗乖、雞狗乖」，有時會連續鳴叫數十次，直到精疲力盡方止，我就聽過喊到在咳嗽的竹雞叫聲。

散步的竹雞　　　　　　　休息中的竹雞夫妻　　　　　　覓食中的竹雞家族

　　虎頭蜂。據說，一般的蜂類，因為蜂螫與腸子連在一起，所以只要螫到人，蜂螫的倒鉤刺一拔出，連腸子也會一起抽出而亡，所以只能叮一次而已。但虎頭蜂的蜂螫不與腸子連接，可以連續不斷地螫，螫到它爽為止。如果被好幾隻虎頭蜂螫的人，會被叮到滿臉豬頭樣，而豬頭不好聽，乾脆叫虎頭，所以這種蜂，才取名叫虎頭蜂。亂講！當然不是，看看虎頭蜂的外觀，不但顏色像老虎，牠們捕食昆蟲的能力，也像老虎一樣威猛，行動如風，因此取名「虎頭蜂」。

　　如果遇到單一虎頭蜂在您四周盤旋，那是他在警戒，千萬別打它，也別趕它，快速離開牠的警戒範圍即可，否則它會回去烙一大群兄弟過來，到時候真的會被螫到像豬頭一樣，甚至喪命也未可知，所以遇到蜂巢或蜂群，別驚動它，快速離開才是自保的方法。

虎頭蜂

　　大冠鷲。外號叫蛇鵰或食蛇鷹,恆春半島稱之為「鹿紋」,因為身上有白色斑點,猶如梅花鹿的紋路,偏好被人類開發過但人口密度不高的森林間隙地帶,大冠鷲的翅膀有明顯的白色翼帶,叫聲會拉長音,聽起來像「呼救～呼救」的求救聲,非常好識別。

大冠鷲

被大冠鷲驚嚇的黃頭鷺

　　穿山甲。中低海拔一千公尺左右的山區,很容易看見它的蹤跡,除了腹部外,身上長滿了瓦狀角質鱗片。受到驚嚇時,會縮成球狀,有強而有力的爪子,便於挖洞。但舌頭並不附著在舌骨上,它極長的舌頭可以一直穿過咽部直到胸腔中,以螞蟻為主食,也是類似食蟻獸的一種。而阿塱壹的海岸林道末端,有不少的洞穴,就是穿山甲的餐館,它會在裡面用餐(吃螞蟻),傳說如果你伸手進去抓它,它受到驚嚇後,只會往前一直鑽,最後會穿透一座山,故名穿山甲。

穿山甲洞穴

　　而這條林道中，你會發現，常常會有凸出的長條土堆，橫跨在林道上，當然，這一定是有某種動物從地底穿越，才會讓土堆隆起，為了互動，我讓各位猜猜看，穿越地底的是甚麼動物？它可曾經是宋朝包青天的隨扈哩！猜中了嗎？沒錯！它就是七俠五義裡的五鼠之一「鑽地鼠」，嘴巴尖尖的，俗稱「錢鼠」，若用手指頭去摸，就可以感覺到，隆起的土堆下，是一條長長的隧道。

錢鼠所鑽過的地底隧道

　　林投蜥蜴。在接近產業道路盡頭時，會發現讓人嚇一跳的大蜥蜴，但仔細一看，那是林投樹根，它的前後腳與頭部的眼睛或嘴巴，栩栩如生，猛一看，還真嚇人，大自然界果然到處都充滿著驚奇。

林投蜥蜴

林投蜥蜴近照

濱刺麥。是很棒的防風定沙植物，全省海岸的沙丘均有分佈，雌雄異株，雄株與雌株各有群聚，也就是說，濱刺麥通常同一性別會群聚在一起，既然雌雄不互相來往，要如何傳宗接代？自然界的傳宗方式，千奇百怪，而濱刺麥在成年（開花）的時候，雄株的花粉透過風力（屬風媒播種）傳到雌花的柱頭上，便完成授粉，種子成熟後，雌花變化成佈滿刺球狀的構造，風一吹就會隨風滾動。在沙灘上，常常會看到滿地滾動刺球狀的草，那就是濱刺麥的雌花。所以有人戲稱它為「滿場跑的海膽」或是「沙灘上的保齡球」，這是濱刺麥繁衍後代的方法！

濱刺麥

成熟的濱刺麥

雙猴臉。產業道路已到盡頭，就在前方岩壁上，會出現兩隻酷似猿猴臉的山壁，正注視著往來的遊客，猴臉底下，就是石板屋遺址囉！

岩壁上的雙猴臉

看出來了嗎？就在這裡！

雙猴臉近照

　　石板屋遺跡。產業道路盡頭旁，左邊有一條小路徑，走進去就可看見用石板砌成的石板牆，雖已不見屋頂，但總是表示早期有人住在這裡，是祖靈地，由於地形隱蔽，很多遊客竟把這裡當成公廁，實在很不尊重原主人，希望日後的遊客內急的話，能找其他樹叢或隱蔽處去解決，別再汙染遺跡了！

進入石板屋遺跡的小路

古道上的石板屋遺跡

　　墊基石。在產業道路的盡頭處下切，回頭可見到一整排由砂岩堆疊整齊，嵌在路底下的墊基石，早期車子可以通行到此處，由於沙子易流失，所以用沙岩當墊底，以穩固路基。現在無人居住，年久失修，因而地基全都已外露。

古道的墊基石

　　在外露的地基沙丘旁，常常會出現奇怪的腳印，很完整地往上前進，不像人（因為人不會走這樣的路線），也不像狗，更不像獼猴，有人推測是山羊，但是腳印呈直線，似乎只有一隻腳而已，感覺得怪怪的，而山羊有四隻腳，腳印不是應該成平行線才合理嗎？但，別亂猜，絕不是外星人，不要找不到答案的謎團，都往外星人身上推。

沙丘上奇怪的腳印

驚豔 阿塱壹（琅嶠-卑南古道）

　　遙望沙灘區。好走的產業道路，到此算是結束，接下來就是一連串考驗遊客耐力與體力的無路階段，先是沙灘，再來是亂石堆，然後是礫石灘，接著就是需要體力的上切階梯，在中途半山腰休息用餐後，繼續上切，到最高點遙望台東，然後下切，走一段約一公里的礫石灘，就可出頭天，再進入好走的產業道路，經過檢查哨與塔瓦溪（屏東與台東的縣界）到停車場，就完成古道之旅囉！在這段考驗遊客的無路階段，充滿了奇特與獨一無二，只限阿塱壹才有的景觀，走吧！不要怕辛苦，讓我帶大家來體驗與閱讀唯阿塱壹才有的美與奇。

進入沙灘區

　　附註：若一連下好幾天的雨，海濱產業道會泥濘不堪，走起來不但難受，也容易弄髒鞋子與褲子，此時不論南往或北進，會建議大家改走海濱的礫石灘，不走產業道。走礫石灘時，可以把鞋子脫掉，赤腳走在礫石上，體驗腳底按摩的快感。這時若細細觀察，每位遊客的表情會非常豐富，有齜牙裂嘴的，有七孔縮成一團的，有好像踩到釘子的，當然也有面不改色的，也算是阿塱壹的特殊景觀之一。

產業道路外的礫石灘

礫石灘是天然的防波堤

陪遊客赤足走礫石灘

赤足的好處，可以展現美甲。

走在礫石灘上，如果仔細觀察，會發覺這裡的石頭，種類琳瑯滿目，令人眼花撩亂，比較有名的，是南田石（變質砂岩）、西瓜石（變質角閃岩）與麥飯石（斑狀安山岩）三種。

而南田石的內部，由於參雜了不少的石英，形成各式各樣的圖案，所以又稱為「南田圖案石」，而這些石英所形成的圖案，時而像風景，時而像人物，千變萬化，曾在雅石比賽展示時，讓各界人士驚為天人，之所以會稱為「南田石」，據說是因為參展時，被詢問該石頭來自何處，出展人表示，是來自台東的南田村海邊，故名南田石，是台灣的五大名石之一（其他的台灣名石分別是：花蓮的金瓜石（也有人說是玫瑰石）、埔里的黑膽石、關西的黑石與台東的西瓜石）。

圖案酷似老鼠的南田石

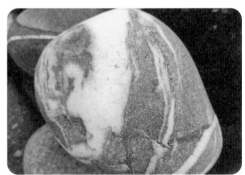

酷似孔雀的南田石

只有紋路的南田石

　　至於西瓜石，因為是綠底，表面有黑色紋路，酷似西瓜，故名之。阿塱壹隸屬台東海岸（行政區大部分屬屏東），當然也有不少的西瓜石，只是扁平的較多，渾圓的較少，不太像西瓜，只是表面像而已，嚴格說來，應該只能叫西瓜皮。

西瓜石

　　說到麥飯石，一般的印象，就是可以過濾或清淨水質的效果，因為它含有一種特殊的礦物「沸石」，但出產於台灣東部的麥飯石，並未含有沸石，所以不具備過濾水質之功能。之所以稱為斑狀安山岩，乃該礦石的表面，有許多白色的斑點，但底色顏色不一，或紅或藍或咖啡色，無一定標準。

斑狀安山岩

　　除了以上介紹的礦石外，阿塱壹的礫石灘上，尚有許多令人垂涎的美石，不過還是那句話，只能觀賞拍照，或親吻磨蹭，或跪地膜拜，千萬不能私下摸走，否則被抓到，可是真的會被罰款又判刑的喔！

條理分明地美石

第七段　聯合國式之沙灘

　　進入沙灘區時，大家會發現，整片的沙灘，其實是沙與石共存的聯合國式沙灘，沙中有石，石中有沙，而且沙是由最細的沙，然後是較粗的沙，接下來是更粗的沙，最後是沙岩（礫石），而沙灘入海處，不是像一般的海水浴場那樣，由淺沙而漸漸深入海底，而是直接由礁岩阻隔，形成分開岸與海的一道矮牆，整段不到一公里的沙灘，據我觀察，除了找不到白沙與貝殼砂之外，應該包含了台灣近八成左右的海灘種類，是一段很特殊的海灘，而沙灘上有沙蟹的洞穴與爬行痕，海裡的岩石也形成各種有趣的景觀。走！讓我們來體驗大自然的奧妙吧！

　　進入沙灘區的第一眼，左邊的山崖上，會看到一根很粗的排水管，而排水管的上方有許多磚塊，這裡曾經是海防的哨所，昔日車子可以開到海岸林盡頭處有墊基石的地方，離古哨所才幾步路，現在已全部拆除，只剩斷垣殘壁而已。

海防哨所原址，地基石依然可見，現已拆除。

有沙與礫石的聯合國式沙灘

走過聯合國式的沙灘，有如體驗過台灣近八成的沙灘種類，先體驗一下細沙與礫石共存的沙灘。

細沙與礫石的聯合國式海灘

再體驗細沙與細石合為一體的沙灘。

細沙與細石的聯合國式海灘

　　沙與海的交界處，全是一大片凹凸不平的礁岩，就算想開發成海水浴場，以這種的地形地貌，是絕對不可能的，這也是阿塱壹沙灘的特殊景觀之一。

沙灘與海的交界處，充滿了岩層，是台灣少見的。

　　每當退潮時，潮間帶上出現的岩石帶，乍看之下，酷似中國雲南的石林，沙灘與海的交界處，竟然是岩石，在台灣應屬少見的沙灘地形，所以這裡不可能變成衝浪場。

酷似雲南石林的岩石

在沙灘上，有為數不少的洞穴，那是沙蟹所挖的，一般以中華沙蟹居多，角眼沙蟹較少。而沙蟹在海灘上，移動速度很快，有如馬一般，所以在地人便稱它為「沙馬仔」。而沙灘邊，也會有耐高溫與強風的植物，在歡迎遊客的到來。

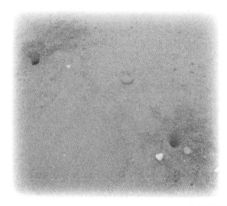 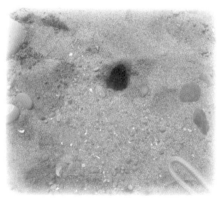

中華沙蟹的洞穴

沙灘旁的姬牽牛花

走在這片沙灘上，還是得步步為營，因為不知甚麼時候，會出現大批的劇毒生物「藍瓶僧帽水母」，尤其是喜歡打赤腳走在沙灘上的人，更必須目光如炬，否則踩到了這種生物，你會連哭三天三夜，因為這種水中毒物，據說是劇毒生物中排名第三，算是小而猛的物種囉！

活著的水母，酷似水餃。

腸外流的水母

往生的水母，像消風的氣球。

石縫內也有水母

有時整片海灘都是僧帽水母

　　西元 2021 年（民國 110 年）8 月中旬，日本小笠原群島的福德岡之場，海底火山爆發，噴出許多浮石，隨著北洋流，飄流到台灣東部各區，包括基隆、宜蘭、花東海岸至蘭嶼。其實，阿塱壹海邊沙灘，也出現許多這種來自日本的浮石，由於這種浮石很輕，不會下沉，而會浮在海面上，所以造成東部海岸諸多漁港的漁船，引擎嚴重受損，也算是天災的一種。

　　在早期，這種浮石，會被用來刷鍋，也會被拿來去腳底皮。浮石形成的主因，是海底火山爆發後，當岩漿噴出地表時，壓力忽然降低許多，岩漿中的空氣便因為迅速膨脹，脫離岩漿，進入大氣層，投奔自由去了，留下坑坑洞洞的氣孔，所以重量超輕，浮石又名多孔火山熔岩，也稱珍珠岩。由於含有大量玻璃質，若是摸到浮石，要吃東西時，最好洗洗手（不管是否摸到浮石，吃東西前，最好養成洗手習慣），以免吃到玻璃微粒而傷胃。

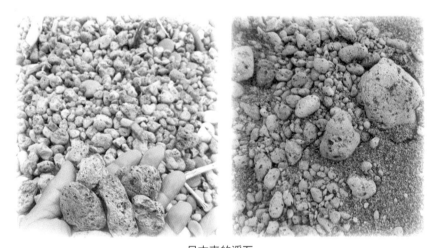

日本來的浮石

古道的沙灘上，到處有北洋流帶來的浮石。

沙灘上，會有不少的海漂垃圾，最常見的就是漁具與寶特瓶，有些海
洋生物，像藤壺，就會附著在這些垃圾上，形成一副有趣的畫面。

浮筒與藤壺的結合，像魔頭。　　　　玻璃罐與藤壺的結合，像希臘武士頭。

藤壺也會附著在浮石上

　　而這些海漂垃圾中，也會有動物大體或人體模型，猛一看，還真嚇人，但還是有不少好奇心重的遊客，爭相觀賞與拍照。

人頭模型的海漂垃圾

好奇心重的遊客

拍模型的遊客

　　但是，這片沙灘，有時會碰到可遇而不可求的景觀，不知甚麼原因，沙子會凸出沙面，像彈塗魚似地，以千軍萬馬的樣式突然出現，佔據了整個沙灘，猶如古代兩軍交戰一般，非常神奇。

猶如千軍萬馬般的沙子，突然浮出沙面，像蝌蚪又像彈塗魚。

　　在聯合國式海灘旁的海中，會出現讓遊客充滿想像的礁岩，例如：有隻應該在山中的台灣黑熊，卻神情落寞地往海中走去，看樣子，似乎是一隻剛被母熊掃地出門的公熊，可能是有小三被發現，所以才被母熊拋棄，由這兩張對照圖，可明顯地看出，母熊走回山林，公熊則落寞地往海中央走。

海中的台灣黑熊

分手的黑熊夫妻

　　而在沙灘端近終點處，會發現一顆沙岩，上面會出現一張對你微笑的臉龐，雖然頭形怪怪，眼睛怪怪，嘴巴也怪怪，但看得出他是在對你笑，彷彿在告訴你：「加油喔！」令人士氣大振，暑氣全消。有人說它像李登輝！是嗎？大家認為呢？

石上的笑臉

　　接下來，是整段古道最危險的路段，除了有山崩的亂石堆外，還必須小心的落石區，遊客走阿塱壹會受傷，九成以上都是在這段區域，歸納遊客受傷的主因，大部分是自行脫隊之故，所以，請務必跟著解說員的腳步

走，才會安全。萬一解說員自己走錯而跌倒，除了可以大笑之外，也可以看清解說員到底是怎麼跌倒的，便不會再重蹈覆轍。

經過亂石堆區，建議各位啟動四輪傳動模式，也就是說，最好把手杖收起來，用手腳並用的方式來走，這樣較穩固，也較安全。

亂石區雖然是危險路段，但只要步步為營，保證絕不會發生任何事端的，而且這段亂石堆區，還有許多巧奪天工，令人驚豔的大自然景觀，現在隨我來細細品味大自然的藝術功力吧！

第八段　亂石堆走浪區

一般進入亂石堆前，會在沙灘與亂石堆交接處讓大家休息，順便把鞋子裡的沙倒乾淨，這樣走起來會比較舒服，休息完畢，繼續往前邁進，正式進入亂石堆區。

沙灘與亂石堆交接處

進入亂石堆區了

進入亂石堆的第一處岩壁上，首先映入眼簾的，是一隻純白色、停在白色樹枝上的「雪鳥」，那是嵌在岩壁上的石英礦，鬼斧神工地形成了這幅自然畫作，而沒有石英礦的眼睛部分，位置就那麼剛好地在頭部，上天真是好故意的老頑童。

岩壁上的雪鳥

雪鳥近照

驚豔 阿塱壹（琅嶠 - 卑南古道）

　　過了雪鳥岩，兩旁出現許多凹陷的洞，洞內滿滿的六角形水晶礦，閃閃發光，這是大自然的財產，只供遊客欣賞，千萬別破壞或私藏它，否則若被解說員發現，一定會呈報稽查員開單懲處。

岩壁內的水晶礦　　　　　　　　　　　　　有如小砲管的水晶礦

　　各位！您喜歡棒球嗎？如果喜歡，那您信不信阿塱壹有棒球場？蛤！不信！來！來！照過來！過了水晶礦穴，往海邊看，就會見到阿塱壹的棒球場，四個壘包就在海中央，最靠進亂石堆的那塊岩石，是本壘，然後逆時鐘算起，是一、二、三壘。最奇特的是，在二壘的壘包前面，還有投手丘。若您面向棒球場，在球場的左方，還有一隻超大的棒球手套，這應該是海龍王與蝦兵蟹將打棒球的地方，如果您是棒球狂熱分子，可千萬別下去跑壘，否則有可能會被海龍王抓去當球員喔！

阿塱壹的棒球場

投手坵

二壘前的投手丘，清晰可見。

棒球手套

　　過了球場，會發覺海邊有一顆酷似某種動物的大石頭，像豬八戒又像神話裡的某位神像，眼睛外凸，鼻子嘴巴栩栩如生，最奇特的是，嘴上的法令紋超明顯的，大家發揮一下想像力，這顆石頭像甚麼？

掉在海邊的豬頭

　　走在亂石堆中，常常可以發現形狀超棒的砂岩，我們會放在明顯處，供大家欣賞，還是那句話，僅供欣賞與拍照，千萬別據為己有喔！

心型的砂岩

　　走到這裡，不妨往海邊探索，會看到不合常理的景觀。常聽人說，貓咪怕水，但在阿塱壹的海邊，會發現有不怕水的貓，三不五時還會帶著小貓，到海裡游泳戲水、浮潛、抓魚，順便衝浪，我無以為名，只好名之為「水貓」。甚麼！不好聽！不然叫海貓好了。甚麼！也不好！那就隨大家喜歡去稱呼吧！！

戲水的母貓與小貓

繼續翻越亂石堆，千萬別急著往前走，在這段路，請往地下看，這樣不但安全，也不會錯失奇妙的景觀。因為在這段區域，您會發現，地上有酷似達摩祖師的石像，長長的落腮鬍，一顆光明頂的禿頭，簡直就是達摩的翻版。

達摩祖師石像

但是，別以為只是達摩的石像而已，換個角度，就會從達摩變成清朝的老太婆，嘴巴下彎，好像在生氣，一頭的老式盤髮，簡直就是古代女人的翻版。

而下雨過後，雙眼積水，又好像一位歷盡滄桑，在哭泣的孤獨老人。有人說，這塊老太婆岩，像極了動畫卡通「神隱少女」裡，在開澡堂，頭髮又弄得特別高的「湯婆婆」。嗯！果然越看越像，阿塱壹的景觀變化，真是令人驚歎！

老太婆（湯婆婆）石像

淚眼汪汪的老太婆

　　過了變化多端的達摩石像，就在正前方，會很明顯地發現岩壁上有超級像的巫婆側面，凸眉與鷹勾鼻，以及那戽斗的下巴，簡直就是巫婆的模型像。左邊還有一顆類似骷髏頭的岩層，緊貼著巫婆臉，簡直就是巧奪天工的大自然傑作。只可惜，因為巫婆岩的主要成分是頁岩，較容易風化。目前巫婆岩的鼻子已斷裂，變成斷鼻巫婆，真是可惜，所以這張完整的巫婆岩相片，便成為絕響囉。

壁上的巫婆岩

巫婆岩左邊的骷髏頭

看到骷髏頭了嗎？

因風化而斷鼻的巫婆岩

　　過了巫婆岩，喜歡狄斯耐卡通的朋友，注意一下右邊的海濱，會看到名叫「布魯托」的卡通狗，在海邊抬頭歡迎每位遊客的到來，看到這種療癒的石像，不禁疲憊全失，頓時精神抖擻。

「布魯托」卡通狗石像

卡通犬「布魯托岩」與「布魯托」之本尊 = 摘自網路

　　在穿越亂石堆時，建議各位，除小心慢行之外，最好能細細品味嵌在石頭上的石英，大家會發現有許多上天的畫作，各式各樣的圖形，有人像，有動物像，有數字像，有圖像，這種大自然的傑作，也是其他各地少見的景觀。

某超商的「7」標誌

而在接近亂石堆的盡頭，有一處很棒的景觀，因為，如果您覺得在學校或職場上，有人三不五時就想霸凌您，而您又不知如何處理，或者因為對方的惡勢力而不敢反擊時，這裡可以拍一張頗具嚇阻力，更會嚇死對方的相片。據拍過相片的許多遊客，事後告訴我，已嚇退了許多欺善怕惡的份子，甚至有遊客表示，把相片貼在門口，也能嚇阻宵小的入侵，讓家人安全許多。

到底是什麼景觀這麼厲害？那是阿塱壹獨一無二的大力士岩。在這裡拍張大力士相片，回去後貼在門口或放在辦公桌及書桌前，保證沒有任何人敢惹你。這裡是老弱婦孺，都能變成大力士的景點。如果不說破，這種相片可是會把大家唬得一愣一愣地，讓人對你肅然起敬，笑臉迎逢，爭相請你吃飯喝酒。

作者自演如何成為大力士　　　　　　　　連弱女子也能成為大力士

OK！走到這裡，最危險與難走的亂石堆步道，已快接近終點，這裡也是整條古道最危險的落石區，但景觀壯麗，不少遊客會在此駐足拍照留影。當然，出來玩就是要拍照留念，但一切還是要以安全為重，我的建議，應該在落石區的安全外圍拍照，一樣可以拍出壯麗景觀，千萬別在落石區內，因為落石不知何時會掉落，萬一被落石砸到，那可是會要命的！

　　當快速通過落石區時，正前方會出現一整塊酷似船型的岩塊，大家稱之為「軍艦岩」，但我比較喜歡稱它為「鐵達尼號」，因為台灣的軍艦岩太多了，例如台北榮總後山或蘭嶼都有，稱之為鐵達尼號會比較新鮮一些。而鐵達尼傳說是斷成兩截，這一截只是它的後半段，往前行還可以看到它的前段船頭，我還真懷疑，是不是鐵達尼沉沒後，漂流到阿塱壹而變成化石了呢？？

| 快步通過落石區 | 阿塱壹的鐵達尼號後段 |

　　過了危險的落石區，又可以漫步左顧右盼地，找尋阿塱壹特有的奇景囉！請教一下各位，萬一被小落石砸到頭，沒有很嚴重，會不會烏青又腫包？為什麼？（還記得嗎？在第四段後半部，我也問過同樣的問題）當然是因為微血管在表皮層內破裂所致，但，石頭有微血管嗎？這塊石頭住在落石區，被落石砸到，會烏青又腫包嗎？答案是「會」，而且，這塊石頭，不但烏青，還會噴血，不信嗎？就在鐵達尼號前的岩石上，就留有一大攤血跡，而血跡前的岩石，不但腫包，還烏青咧！奇妙吧！在落石區，竟有如此巧合的流血腫包石，這是大自然在警告遊客，為了自身安全，別駐足在落石區的最佳身教囉！

被落石砸到而流血與腫包的腫石

腫包石正面圖

走到鐵達尼號旁，會發現岩石上有許多酷似人臉的岩塊，表情各異，以學術上而言，那只不過是層理與節理的交錯痕跡而已，但以大自然的美學而言，還真巧奪天工，令人讚嘆上天真是個藝術家哩！

以下，就讓我們來欣賞大自然的臉譜傑作吧！第一張，像不像孫悟空？不像嗎？好吧！像老頭子，行嗎？

老人臉或孫悟空石

接下來，有聽說日本都市傳說的裂嘴女嗎？阿塱壹不讓日本專美於前，也出現裂嘴骷髏，似乎在告訴遊客，一切要小心，別變成骷髏了。

裂嘴骷髏岩（臉孔朝左看）

再來就是頗有警示作用的岩塊了，它似乎在昭告天下，為人子女有空應多陪陪老人家聊天、吃飯，別讓長輩因為孤獨而愁眉不展。將心比心，當有一天我們成為老頭子時，也會希望晚輩能抽空多陪陪我們，不是嗎？你看這岩石上的老人臉，好像是因為太孤單寂寞而愁眉深鎖，瞇著雙眼，緊閉雙唇，看了令人於心不忍，若你路過此地，請多和他講講話，好嗎？謝謝！

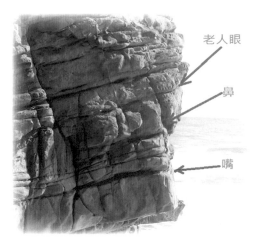

老人眼
鼻
嘴

寂寞憂愁的老人岩

　　早期，要越過軍艦岩，有兩種方式，在退潮時，就直接走軍艦岩旁的石門峽谷（以前聽說有一條石柱，橫跨在岩石上，有如石頭做的門，故稱為石門，目前石柱已斷裂沉入海中）。如果是大漲潮時，就翻越旁邊的岩石。但是最好玩的是，在半漲潮或退潮時，海水時而淹沒峽谷，時而出現路徑，這時可以與海爭路，稱之為「走浪」。在浪退、路面出現時趕快通過，萬一還沒通過，浪又打上來，就會渾身濕透，俗稱「濕身」，全台各地的古道或遊樂設施，似乎還找不到如此自然又刺激而且還免費的地點。

　　在半漲潮或退潮時，海水時而淹沒峽谷，時而出現路徑，這時可以玩玩全國獨一無二的走浪，但一定要算準時間差，不然就聽解說員的指示，便可以安全通過「走浪」地帶，否則保證濕身。

等待潮汐，預備通過

聽解說員指示，看潮汐通過。

在浪退的同時快通過

算準潮汐，就可安全通過。

如果算不準，被海浪撲身，名曰「濕身」。

大濕身囉

　　只不過，這麼安全又刺激的走浪峽谷，因為自然災害的關係，現在落差太大，已不適合再玩走浪了。不過別氣餒，還有一段礫石灘走浪區可以玩，但這段走浪區與石門峽谷走浪區不同的是，石門峽谷可以選擇要走浪還是攀爬，但這段走浪區，不論漲潮或退潮，就是一條路而已，就算遇到大漲潮，還是得冒著濕身的刺激而過，所以，遇到漲潮的話，大家就準備來段刻骨銘心的走浪囉！！

因為落差太大，目前已無法走浪了。

而峽谷中間又有巨石擋路,完全不適合在此玩走浪了。

大浪來襲的石門峽谷,還是一樣壯觀又刺激。

目前絕大部分都不再走石門而是攀爬的方式過岩區了

驚豔 阿塱壹（琅嶠 - 卑南古道）

　　在退潮走石門峽谷時，在海中潮濕的大岩石，會有許多小動物，看他們努力往上爬到岩石高點，然後被沖到海裡，再游上岩石，爬到高點，又被沖到海裡，一輩子就只幹這種事，那是鰕仔魚的一種，中文名稱叫「條紋花鰕」，有人誤認它是彈塗魚，當然不是！彈塗魚只在爛泥巴中生活，在岩石上，它要如何彈塗？除了條紋花鰕，還可以看到一種酷似火山的濃縮版，長得像斗笠的「笠螺」，緊緊黏在岩石上。

岩石上的條紋花鰕

笠螺

　　即使沒有大浪來襲，只因落差大，難以通過，所以不論潮汐如何，要過石門仔，就只有攀岩越過囉！

登岩越過石門

作者指導遊客登岩

步步為營下切到礫石灘

攀岩時，在岩壁旁，季節適合的話，可以看見一大片的白花「苦林盤」，這種植物的花很特別，都是三朵一起開，猶如感情很好的三姊妹，我稱之為「苦林三朵花」，怎麼？不好聽嗎？那就算了！

苦林盤

苦林盤都是三朵花一起開

但是！如果有遊客深具冒險精神，或者因為對解說員不好，解說員故意帶遊客走石門谷，那也不錯，可以讓人疲憊感全消，繃緊神經，勇度石門峽谷，順便試試褲子的耐磨度，因為這塊岩石，已經磨損了不少遊客的褲子。

由巨石滑行下溪谷

滑行而下,可試褲子的耐磨度

石門峽谷

要過石門峽谷,必須趴上巨石,再試試衣服的耐磨度。

　　登上岩石頂端,景觀豁然開朗,不但鐵達尼號後段就在眼前,開闊的礫石灘令人心情大好,右邊山頂上還有一株號稱台灣四大奇木的活化石「台灣海棗」,迎風搖曳,孤傲自賞。

阿塱壹的鐵達尼號後段

鐵達尼號旁的台灣海棗　　　　　　　　　被風吹彎的台灣海棗

　　如果沒有強勁的東北季風（此風若翻山越嶺，到達恆春區，才稱為落山風），建議各位可以登上鐵達尼號，往海邊可以看到三個自然奇觀。一顆被出草的巨猿頭岩，以及被砍斷的手掌與腳底的化石。為了增加古道解說的趣味，如果您是旅行社或登山社的領隊，可以在此向隊員們編一個虛構的故事，若加上表情與肢體語言，保證團員會被您唬得五體投地，虛構故事如下：

　　很久以前的原住民，有所謂的獵場文化，亦即，如果未經部落頭目同意，擅入該部落的獵場範圍，就會被出草（把頭當草一樣割掉，然後吊在指定的樹上風乾，再拿下來放在部落的人頭架上）。然而某一天，該部落的獵人在打獵時，卻發現闖入他們獵場的，是一隻高大的巨猿，震驚之餘，為了保護原有的獵物與部落獵場，那些勇士們便合力把那隻巨猿打倒，依照傳統習俗出草，砍下巨猿的頭，卻因為頭太大，無法抬回部落，就丟棄在海邊。又因為巨猿身軀太大，也順便砍下它的手與腳，時日一久，那些頭、手與腳都變成化石，目前是阿塱壹的特殊景點之一。如何！這似真似假的故事，夠唬人的吧！

棄在海邊的巨猿頭（眼睛鼻子嘴巴均清晰可見）

被丟在海中的巨猿手

被棄在海邊的巨猿右腳

被棄在海邊的巨猿左腳，腳趾已被海水磨平，只
剩腳腕。

　　唬爛完畢被出草的巨猿石後，別急著下船，若是天氣晴朗時，建議望
向四周的天空，那雲層的變化，若再加上自己的想像力，絕對會增添古道
的樂趣（第十三段的花絮會與各位分享雲朵之美）。

第九段　礫石灘走浪區

　　下了鐵達尼號，又是一段礫石灘，如果在夏季走古道，礫灘邊會有一條名曰「石門仔溪」的小河，可以在此洗把臉，或把毛巾弄濕放在頸部或頭部驅驅暑，稍作休息再前行。但是，如果在豪雨過後，溪水暴漲時，溪水與海水的交接處，會被沖出缺口，想過溪，就必須各憑本事了，這也是走古道令人回味的樂趣之一。

過了鐵達尼，又是一段礫石灘。

石門仔溪

可在石門仔溪中稍作休息

　　過了石門仔溪的這段礫石灘，是古道有名「哭泣的海岸」路段，當海浪把礫石往上推再往下拉時，那礫石滾動與海浪交疊的澎湃聲，有如太平洋的交響樂，經過這裡，建議不妨坐下來，細細聆聽與欣賞大海為各位所演奏的迎賓曲。某滾Ｘ唱片的名稱由來，不知是否有關？

在礫石灘上聆聽大海交響樂

　　聽完了太平洋的迎賓曲，踏著礫石前行，由於半島溫暖的陽光，四季皆春，所以在這段的海濱，會看到一隻大青蛙，趴在石頭上做日光浴，曬到兩眼凸出，面帶微笑，隨海風吹拂，似乎非常舒服，在青蛙石的後面，還可以看到一隻變色龍，緩緩朝海裡游去。

青蛙石與變色龍

　　再繼續前行，會有一大塊凸出的岩壁，而這塊岩壁，有如被剖半的教學題材。或許有些人常在電視上或報章雜誌上看到，道路蓋在順向坡容易出事，但是，何謂順向坡？又何謂逆向坡？這塊岩壁，就非常適合解說順向坡與逆向坡。以下，請聽我細細解說。

這塊岩壁的節理，由左往右斜切，若遇豪雨，岩層吸收了雨水，進入岩壁內，水會順勢往右邊流出，若雨勢過大而岩層又不夠紮實，就有可能會往右邊整個坍塌，所以，右邊是順向坡，是危險區，而左邊就是逆向坡，相對較安全。

　　而這塊岩壁在雨水長年侵蝕下，形成各種令人傻眼的水漬，其最令我津津樂道，又被遊客所欣賞拍照的，就屬「岩壁上的芭蕾舞女孩」圖案了，其扣人心弦的淒涼故事如下：

　　某次，我帶了一隊藝術團（是真正的藝術團，而不是窮得沒衣服穿的那種藝術團）走阿塱壹，當走到這片大岩壁時，團內有位芭蕾舞者，突然舞性大發，衝到岩壁下的斜坡舞台，跳起了芭蕾舞，當她結束後，用非常喘的聲音告訴我：「喔！大哥！這兒實在太棒了！我超喜歡這裡！我願意終老在此！」啥！終老在此！此時我只當她是一位愛好自然人士的感嘆語而已，並無任何感覺。之後，又持續帶團走阿塱壹，如此過了大約八個月，再經過這塊大岩壁時，我很震驚的發現，當初那位芭蕾女的曼妙舞姿，竟

然顯現在岩壁上。仔細一想，或許岩壁上本來就有這影像，只是我當時沒發現而已，所以回家後，把以前所拍的舊照片拿來作比較，結果更令我震驚，因為當初的影像並無芭蕾舞姿，而是好像有人被馬追的圖形。或許，那位舞者，果然已經真的長住在阿塱壹了！故事結束，竟有遊客問我，那位芭蕾舞者是否已不在了！這我哪知道，請自行想像即可！！

目前，由於風吹日曬又雨淋，芭蕾舞女郎的圖像又消失不見，變成穿著日本華麗宮廷禮服的皇后圖像，莫非那位芭蕾舞女孩，已被日本某王納為的皇后了！阿塱壹的景觀，果然處處充滿驚奇！

岩壁上方，有一芭蕾舞女孩的身影
（箭頭處）本書作者正在解說。

原本的岩壁上方，是有人被馬追的圖形，
並沒有芭蕾舞女。

看出來了嗎？

芭蕾舞女郎的近拍圖

作者親自下海，犧牲色相地演出。

挑起玩性，遊客跟著學舞姿

跳完舞後，在女郎岩留影

目前芭蕾舞女郎的圖像已不見，變成宮廷皇后的圖像。

皇后側身的近拍

看出來了嗎

除了芭蕾舞女孩，岩壁上還有更令人驚豔的畢卡索抽象畫，是一對情侶，左邊很明顯是男的，正被右邊戴眼鏡的女孩親吻鼻頭（或是親吻耳朵，隨個人想像），水漬竟然可以作畫，大自然真是多才多藝啊！

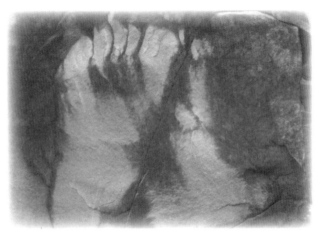

畢卡索抽象畫

欣賞完芭蕾舞女孩與畢卡索名畫，在驚嘆大自然的傑作中繼續前行，往右側的海邊看，會發現有一顆酷似龍頭的岩石，這應該是金庸小說倚天屠龍記中，被屠龍刀砍下的龍頭吧？好啦！不研究！

海邊的龍頭岩

　　再往前走幾步路，往海邊看，更令人驚豔，保證您想像不到的景觀，在海中注視著各位！這是一塊長了眼睛的石頭，正看著每位路過的遊客。石頭長眼睛還不稀奇，最稀奇的是它還會畫咖啡色的眼影，有人說它像魟魚，也有人說它像精靈，隨個人發揮想像力，你說它像什麼，它就是什麼。

長眼睛畫眼影的石頭

　　而這塊長眼睛的石頭，更稀奇的是，這長眼石並沒有眼珠，但海裡有小小顆的海螺，在漲潮時，因為海螺被海水來回地沖，有時會恰好黏著在石頭的眼睛內，變成眼珠，形成鬥雞眼或一般眼的石頭，光看到這種景象，就會疲勞盡失，讚嘆大自然的傑作。

在潮水中的眼石

海螺形成的鬥雞眼石

海螺形成的有眼有鼻石

　　有時候，大家會看到海中有人在捕撈漁獲，那是在地的龍蝦達人，他是捕龍蝦的高手，若有捕到龍蝦，你想拍照，他也會很大方地讓你抓活生生的龍蝦拍照，這裡的龍蝦超多的，如前面所敘述，當地人早期較沒錢，三餐幾乎都只吃龍蝦或九孔，不信大家可以問問龍蝦達人。他捕獲的龍蝦，會賣海產店，也會帶回家自用，但是當他帶回龍蝦時，他的孫子都會說：「阿公！今天又要吃龍蝦了喔！能不能吃點別的？」而達人也表示，曾經有電視台來採訪，要現場買他的龍蝦，他竟然不賣，反而要求電視台的人，拿牙刷牙膏之類的日常用品來換，以上絕非虛構，不信可以向達人求證。

在地人捕龍蝦

龍蝦達人與龍蝦（已徵求當事人同意刊登）

網子內的龍蝦

把網內的龍蝦放入籠子裡

龍蝦與浪花蟹

讓遊客抓龍蝦拍照

　　由於阿塱壹的沿岸，並無防坡堤或消波塊之類的人造物，所以會有不少的海洋廢棄物或動物被沖上岸，有些遊客頗有藝術修養，會拿海廢來當藝術創作，這也增添走古道的不少樂趣。

遊客的藝術創作

某河豚類的動物屍體

　　在海象較佳的時候，可以看到不少的近海漁船，往返於阿塱壹海岸不遠處作業，可別以為像計程車一樣，把它當成是阿塱壹的計程船，招手就到，可以輕鬆搭船到終點，一切還是要靠各位的雙腳，一步一腳印地往前邁進囉！

海上作業的漁船

　　接下來，就是在漲潮時，特別驚險刺激的走浪段（當地人稱之為跑湧），因為只有這段路可行，所以遇到漲潮時，就必須順著潮水的漲退來決定衝過的時機，一般解說員會指導大家快速前進或暫停，以便安全通過「跑湧」地帶，如果不聽指揮或潮水速度太快，甚至是自以為是的亂闖，就會像相片一般的刺激，絕對有濕身的狀況。但是請放一百個心，走浪區雖然刺激，卻絕對安全，萬一真的濕身，也只不過是走古道難忘的回憶而已。

漲潮時，趁浪退時快快過。

否則就會被潮水困住。

像這樣濕身

此時患難見真情

作者盡蠻荒之力幫遊客脫身

　　走浪段漲潮時雖然驚險刺激，但是在退潮時，就算你躺在岩石上，都不會有一滴浪花潑到你，走起來相對安全許多，但卻少了驚險刺激的深刻回憶。

走浪區半退潮的狀況

走浪區快完全退潮的狀況。

走浪區完全退潮的狀況

　　但不論刺激與否，咱們還是得往前，繼續探索阿塱壹的特殊景觀！喜歡釣魚的人，時常會把釣到的大魚，印在紙上作成魚拓，大自然也有類似的行為，會把大魚做成類似魚拓的魚化石。

　　過走浪區不久，請大家往海邊看，會看到一隻卡在岩壁上回不去的大鯰魚，時日一久，就被大自然變為魚拓化石，雖然魚尾已爛掉，但背上的魚鰭以及魚頭上的魚眼和魚嘴，依然清晰可見，猛一看，還真像一張大魚拓。

岩上的鯰魚魚拓

　　在繼續前行中，會發現，又有一位知名人物住在這裡，他就是齊天大聖孫悟空，好好的花果山不住，竟和虎克船長與芭蕾舞女郎一樣，來阿塱壹長住，可見阿塱壹的魅力，絕非浪得虛名。看看悟空岩的側面，其眼睛。鼻子。嘴巴栩栩如生，甚至連金剛箍都還在額頭上哩。

齊天大聖之悟空岩

　　漫步在古道上，會常見到紅隼在天空遨翔，而紅隼有如直昇機般，在大風中，可以靜止於空中，紋風不動。但若是無緣見到牠也無妨，因為在這岩壁的頂端，有一顆紅隼石，隨時可供觀賞。

鳥類直升機「紅隼」

石壁頂端的紅隼岩

　　走著走著，眼前會出現一塊令人想起某種廣告用語，「這個時拵的查埔郎，都存一隻嘴」的岩石，還記得這是啥麼廣告嗎？什麼！貨車廣告！蛤！提神飲料廣告！拜託，你們都不看電視的嗎？這是給年紀已達「只剩一隻嘴」的男人看的廣告。但是，阿塱壹的鳥 X 牌更厲害，你看牠嘴巴尖尖（相片右方），眼睛大大（中間），一副兇猛威嚴的樣子，就知道牠效力非凡。只是，這隻鳥 X 牌不是用吃的，而是用摸的，還得一面摸，一面念咒語才會有效，咒語曰：摸鳥頭，夜夜有擋頭。摸鳥嘴，我不讓你睡。摸鳥眼，幾次都不嫌。如何！厲害吧！

阿塱壹的超級鳥 X 牌

與電視的鳥 X 牌相比較（摘自網路）

解說鳥 X 牌

　　只可惜，在幾次的風災肆虐後，該鳥頭的後方，已被落石敲毀，目前有些面目半非，不知效果是否也會打折？

已毀壞的鳥 X 牌

驚豔 阿塱壹（琅嶠 - 卑南古道）

　　過了鳥頭岩，就好好地欣賞太平洋海景，因為接下來是古道最累的爬坡路段，一路上切到最高點，當然中途會在統稱「麥當勞」地點休息用餐，不再沿海邊走了，所以喜歡大海的遊客，在此好好和大海暫別，要越過觀音鼻囉！

阿美族的聖山
都蘭山

遙望阿美族聖山「都蘭山」

和大海暫別囉！

第十段　觀音鼻南端上切點

在上切觀音鼻的階梯前，有鐵達尼號的船頭岩，不論南進或北進的遊客，總會上船拍美照，尤其是年輕人，各種姿勢都有，年代不同，照相姿勢果然也是有差別的。

阿塱壹的鐵達尼號船頭

上鐵達尼岩

硬要上就是了

人這麼多，不怕沈船嗎？

甚麼姿勢嘛！

拍個網美照

　　好了！拍完鐵達尼美照，就要準備登梯上切了，這段上切點，並非一開始就有階梯狀的擋土牆，早期是靠一條粗繩，手腳用力上切或下切，後來繩索腐爛到不堪使用，為了遊客安全，本來是要再換條新的繩索。但是因為古道是自然保留區，不能有人造物，而繩索就是人造物，但又怕土石流失，所以為了儘量保護阿塱壹，不被大自然侵蝕，便施工做了類似階梯式的擋土牆，因此這些階梯的高低並不均等，完全不符合人體工學，所以上下階梯都要小心。

早期上下只靠一條繩索

靠繩索上切或下山

由上往下看更驚險

施工中的階梯狀擋土牆

將完工的南端上切點

最初完工的上切點

好了！要上切囉！

魚貫上山

　　有些遊客上切到中途，會喘不過氣來，甚至累到差點往生，此時建議各位別急著走，既然有階梯，就不妨坐下來稍作休息，然後再一步一腳印地，慢慢往上走。

　　千萬記得，一切照自己的步伐與呼吸走，不用趕，就算您得第一名也沒獎品，最後一名也不會罰，若因為急著趕路，萬一喘不過氣來，事情反而麻煩，時間反而拖更長。

　　在休息的時候，不妨看看旁邊的樹幹，像不像一隻羊頭怪物？

羊頭怪物樹幹

　　不只這樣而已，看完了羊頭怪物，往上繼續探索，還可看到在躲在樹洞探頭窺看遊客的小熊維尼（或是泰迪熊）呢！蛤！躲在樹洞的小熊有甚麼好看的！拜託！我是請各位看真正的維尼熊，不是看小熊，對照一下網路的維尼熊便知。阿塱壹就是這麼特殊，在休息中，也可以順便欣賞古道給我們的植物奇觀。

樹洞內的小熊維尼

比較一下小熊維尼圖（摘自網路）

　　當陽光照射到樹洞，換另一個角度，會發現到維尼熊似乎怕熱，被太陽曬到眼睛睜大，嘴巴張開，一副吃驚樣，超級卡哇意。

睜眼張嘴的維尼熊

　　而在走上切步道時，由於土石流失，會有許多樹根浮出路面，千萬要小心，別被浮出的樹根給絆倒了。

橫跨步道的樹藤

步道上的浮根，要小心。

超高的浮根

　　如果肚子餓了，地上會出現雞爪樹根或蛋捲樹瘤，敢吃的話，您就吃吧！也會上演無聲無息的植物界弱肉強食的纏勒現象。所以，走古道的途中，強烈建議各位不要錯過古道獻給各位的植物奇觀喔！！

雞爪樹根

蛋捲樹瘤

植物界的束勒（纏勒）現象

　　再努力一下，號稱「麥當勞」的休息區就在眼前了。途中請仔細往兩邊看，還會發現長了眼睛鼻子與會漏尿的奇特樹幹，光一個爬坡路段，就到處充滿了生態的奇觀，令人目不暇給。

長眼的樹幹

會漏尿的樹

　　接著，再走沒多久，經過月橘（七里香）夫妻門，俗稱「麥當勞」的休息區就要到了。可惜的是，這兩棵七里香夫妻樹，被莫蘭蒂颱風吹斷，經雨水灌進樹幹內，使樹幹腐爛，長了許多毒菇，目前已枯萎。

月橘〈七里香〉夫妻門

枯朽又發霉的月橘（七里香）

已乾枯的月橘夫妻樹門

　　而在月橘（七里香）的旁邊，有兩棵耐人尋味的樹，其一是我稱之為橋樑枝幹的樹枝，它連接在兩支分叉樹幹的中間（如箭頭所指），而和樹幹的交接點卻完全密合，毫無空隙，猶如橫跨在兩枝樹幹間的橋樑一般，各位想想，這隻橋樑枝幹是如何生成的？

連接兩樹幹的橋樑枝幹　　　　　　　　　　樹已枯萎，看得更清楚

　　各位，喬木成長到一定的長度，就會分枝，分枝完畢後，還會繼續再分枝，而且越分越小，這是很正常的。當這棵喬木（樹名鐵色）長到一定的高度時（請對照下圖），在箭頭所指的位置會分枝，很正常吧！那再看看分枝後的右邊那枝，長到想分家的長度，在右下方圓圈之處，就分家了。然後再注意分家後，左邊那小樹枝，長到一定的長度，又再分枝。好！精彩的來了！當小樹枝分叉後，左邊那小枝幹（左上方圓圈處）繼續往前長，當分叉的小枝幹，長到和第一次分枝的大樹幹接觸時，才驚覺到，成長的路是這麼地坎坷，因為路徑被第一次分枝的大樹幹擋住了。由於東北季風的影響，小樹枝搖晃激烈，把接觸到的大樹幹皮切開，讓大樹幹皮開肉綻，當季風停止後，小枝幹又繼續往前長，和大枝幹受傷處融合，形成了大自然的接枝現象，所以，接枝的地方比較腫（左上方的圈圈處），而自然分枝的地方，就比較瘦（右下方的圓圈處）。

　　這種自然的接枝現象，其實很普遍，因為只要分枝，就有可能會造成自然接枝的現象。光是阿塱壹就可以找到好幾處，而都會公園或山林的樹林，只要細心找，都不難找到。這種自然接枝現象，絕對是一端腫且一邊瘦，絕不會兩邊都腫或都瘦。

自然接枝的圖樣

　　另外一棵，在橋樑枝幹的旁邊，有扭曲成麻花捲的奇特樹幹，各位再想想，樹幹又是怎麼會扭成麻花捲的？蛤！汗流太多，所以要把汗水擰乾！來人呀！把這位流汗者拖出去砍了！

麻花捲樹

另一個角度更清楚

　　前面有說過，植物界有纏勒現象，那是因為，原本藤蔓類的植物，在草地上過得好好的，不知何時，或許是鳥兒吃了果實，把種子拉在這裡，旁邊就忽然長了許多又高又粗的喬本植物，把陽光遮住了，藤蔓類植物為了生存，只好借助喬木往上發展，以便吸收陽光。

借助的方式大約分兩種，其一為：只是借助喬木，往上高攀而已，所以纏繞的方式就比較鬆垮，不會對借助主造成傷害。另一種就比較夭壽骨，這種藤蔓，不但藉喬木讓自己纏繞到頂端，還順便對寄主深情擁抱，纏勒嵌入樹幹，以吸取寄宿主的精華來壯大自己。樹木每年都會成長擴大，藤蔓也越勒越緊，甚至把寄宿主勒斃。

而樹幹會形成麻花捲的主因，就是這些纏勒在樹幹上的夭壽藤蔓植物，勒了好一段時日，眼看樹幹就要被勒斃，卻在某些因素下，藤蔓植物卻枯萎腐爛，便在樹幹上留下了歲月的勒痕。所以，麻花捲是勒痕，而不是樹幹自行會扭轉。

看完這兩棵怪樹後，就可以離開七里香夫妻樹門，這時大家差不多已飢腸轆轆，可以準備進入號稱「麥當勞」的休息區用餐囉！但別指望在休息區會有如麥當勞餐飲店一樣，可以點餐或飲料，不過既然甚麼都沒有賣，為何要稱麥當勞？其原因有三：其一，因為大家都會在這裡用餐，容易製造垃圾，但垃圾一定要自行帶走，不可留在休息區，所以，垃圾不能留，閩南語叫做「袂蕩勞」，發音酷似麥當勞。其二：由於休息區腹地大，又有樹林遮陰，一般都會在這裡休息與用餐，先來會先佔據好位置，後來的就只好隨便亂坐，當先到的團體要離開時，後到的有可能會擋到通路，所以會被要先行離開者拜託他別擋路，而別擋路的閩南語發音「麥棟路」，發音也酷似麥當勞。其三：由於都會在這裡休息，同樣也會在這裡上廁所，雖然解說員都會告訴遊客廁所的位置，但是，就是有些遊客圖方便，還沒到廁所，也不管是否已離開眾人的視線，便就地蹲下解放，而蹲下的姿勢，下半身呈 M 型，因此，便稱此休息區為麥當勞。

好！麥當勞的典故解說完畢，請大家把背包卸下，帽子脫下，如果要脫太陽眼鏡的話，一定要收好，曾經有遊客眼鏡沒收好，被獼猴搶走，過沒幾天，就出現一隻戴著太陽眼鏡的獼猴，坐在樹上當網美。而這裡出現的野生動物（松鼠居多），也千萬別餵食，拜託囉！

麥當勞休息區　　　　　　　　　　　　　休息區用餐的遊客

　　在休息區，同樣有令人驚豔的景觀，所以，到此的遊客們，先別急著用餐，等欣賞完大自然的傑作後，再享用你們的豐富餐點。或者，享用你們的餐點後，記得欣賞大自然的傑作，別入寶山而空手回喔！

　　在休息區內的某樹幹上，竟呈現一幅台灣地圖，不知是哪隻熱愛台灣的動物的傑作，讓大家能看見台灣？而休息區上方有一棵白榕，樣子酷似侏儸紀時期的蛇頸龍，唯妙唯肖，其腳爪緊緊抓著地上的石頭，以免滾下山坡。

有著台灣地圖的樹幹　　　　　　　　　　　蛇頸龍樹幹

抓住石頭的蛇頸龍樹根

更奇特的是，同樣在休息區內，有個甜甜圈樹根，各位再想想，這個甜甜圈樹根，又是如何產生的？直直地不走，竟要往上繞一圈再往地下長，真是奇葩。

成甜甜圈狀的樹根

遊客一般都會忽略掉這個奇景

那甜甜圈樹根，又是如何產生的呢？據推測，樹根若無阻礙物，就會直直延伸，不會因為好玩而隨便轉彎或轉圈。如果阻礙物比樹根大許多，樹根會選擇左轉或右轉，但是，如果阻礙物比樹根小（例如只有樹根的三分之一），那樹根或許就不會轉彎，反而會被引導而往天上長，然而，植物的根是向地性，樹幹才是向天性，樹根硬被擠向天，當然與天性不符，所以樹根長了老半天，發覺生長的方向不對，就趕快回頭，往地下長，因此就形成罕見的甜甜圈樹根囉！其證據就是，在甜甜圈底下，有很明顯的半圓形痕跡，表示樹根曾經被小又硬的東西，阻擋它的成長路徑，因此不得已，才變成甜甜圈。

這種樹根，無以為名，那就名之為「回頭是岸根」囉！

半圓形的洞

被小硬物阻擋的痕跡

被一般大石頭阻擋而轉彎的樹根

　　休息區周遭的樹，樹幹幾乎都是圓的，有的就偏偏要長成扁的，真是欠扁！甚至有些樹幹，長瘤就長瘤，竟長成鳥巢，裡面還有酷似小鳥的小瘤，形成大瘤包小瘤的鳥巢瘤，阿塱壹果真處處是驚奇。

呈扁平狀樹幹的紅柴

鳥巢樹瘤，內有三隻小鳥。

俗稱扁藤的「三葉崖爬藤」

這樹根把大腿跨過去，是要幹嘛？

解說休息區的一切奇景

好了！休息區巡禮完畢，如果各位已用餐完畢，請一定要記住，垃圾「麥當勞」喔！用完餐，好好再四處走走，偶而還是會發現其他有趣的事，例如：在休息區往太平洋遙望，有時會看到海龜「綠蠵龜」出沒，或者魚鷹盤旋在海上覓食。

休息區往下望，有魚鷹在覓食。

也可看到岩鷺在上班

區內更會時常看見松鼠或鼬獾出沒，尤其是松鼠，完全不怕人，還會向遊客討食物，但還是要再強調一次，千萬別餵食野生動物，因為一旦餵食牠，牠們就會習慣性地等遊客來，不再自行覓食，最後有可能會餓到往

生。而且，人類的食物，也不一定適合野生動物的體質，餵食牠們，等於是害了牠們。所以，就算野生動物在您的面前裝可愛、跳鋼管、變魔術、抱大腿哭求或耍狠，通通不要理它們，把它們當空氣就對了！

鼬獾出沒

松鼠撿拾遊客掉落的食物

用完餐的趴趴鼠

媲美趴趴鼠的趴趴人

　　用完餐，也休息完畢，該繼續趕行程囉！因為早期的步道被颱風侵襲，已崩塌到無法修護，因而現在都走新開闢的登山道，而這條新的登山道，也不乏令人目不暇給的生態景觀，有類似侏儸紀時代暴龍的背棘，那是稱為雙面刺植物的枝幹，有長著眼睛與嘴巴的怪樹幹，甚至樹幹上的樹衣，形狀酷似手掌，我戲稱這是台灣矮黑人的手掌印，阿塱壹不論休息或行進中，總會有或多或少的奇觀，等待大家去發掘。所以我才一直建議各位，既然有心來走古道，就不要走馬看花，如果要健行或健身，台灣到處

都是，不必累垮自己來走阿塱壹。

以前的舊路

已崩塌的舊路

新步道上的雙面刺，酷似暴龍的背棘。

長著側面人臉的樹幹

樹上的小矮人手印

與筆者的手來比較

　　努力往上爬，穿越林道後，整個視野豁然開朗，步道旁有許多屬於百合科的根節蘭，長在月桃葉林的中心，一枝獨秀，傲視曠野。在春天時節，這裡和山下一樣，會有滿山遍野的山素英，把整座山頭點綴得清新無邪，加上清風徐徐吹來，一股淡淡的茉莉香味撲鼻而來，令人忘卻疲憊。

穿越林道

根節蘭

觀音鼻上的山素英

　　過了山素英花叢，有一個平台，可以遙望阿塱壹的最高點，如果遊客眾多，解說員都會在此平台相讓與交會，而這個平台旁，有棵長滿紅色果實的植物，它的外號蠻特別的，叫做「賊仔褲帶」，正確名稱叫「南嶺蕘花」。

　　之前有說過，植物的果實，只要長出來，不是綠色而是五顏六色，絕

對是有毒，只是毒性的強弱和致命性不同而已，有些毒性植物甚至還有治病功能，據說南嶺蕘花就是其中之一。別以為它粗大的根莖是寶，其實它只是配角而已，真正的功效在樹皮。

相傳小偷晚上要出去上班前，會把南嶺蕘花的皮，製成褲帶繫在腰間，在工作時凸槌，行竊失風時，若遭受屋主毒打（現代不能這樣做，否則會被提告傷害，小偷反而沒事，屋主卻要賠錢甚至坐牢的），便取出樹皮腰帶嚼食以療傷保命，故被稱為「賊仔褲帶」。據說宋太祖趙匡胤行軍打仗時，曾經被軍醫用這種植物療傷救命，便賜名南嶺蕘花為「紫金鞭」或「金腰帶」。

文獻紀載，武術師傅會把「賊仔褲帶」當成仙丹妙藥，主角是樹皮，根莖則切成小塊當配角，經過米酒陳釀才會有療效。以上的方法，各位千萬別依樣畫葫蘆，一切還是必須請教專業藥師才是正確的。

南嶺蕘花（賊仔褲帶）

好！上坡段沒人了，咱們繼續前行，爬完這一段坡，就會到達古道的最高點，古道最美的風景海岸線，也即將出現在遊客面前，這裡也是讓遊客競相拍照取景或打卡的重要地點之一。

最高點就在眼前

　　在最高點前的右端，有一棵大葉雀榕，若季節適當，雀榕的枝幹上，會長滿密密麻麻的粉紅色果實，那是鳥的最愛，也是當地人最自然的口香糖來源。雀榕也是植物界最團結一致的樹，同樣一棵樹，若要落葉，則全部一起落，不會有的落而有的不落，嫩芽要生就一起生，不會這裡生而那裏不生，一年大約會有四到五次的落葉與發芽，讓鳥類可以不虞匱乏地有食物來源。

最高點前的大葉雀榕果實

大葉雀榕果實近照

　　在過去，這最高點的上下坡路段，只是一條羊腸小徑而已，隨著遊客越來越多，就走出了一條牛腸大徑，有些懼高的遊客，走起來會怕，為了安全，縣府就託人在山坡邊拉一條類似欄杆的安全繩，以保障遊客的安全，可謂用心良苦。

以前的坡路　　　　　　　　　　　　　現在有欄杆繩的坡路

　　其實，就算有懼高症，只要慢慢走，趴在山邊走，真的害怕，就把眼睛閉起來，不要看，就算姿勢超搞笑，一樣可以安全到山腳下。即使真的跌下山，樹欉那麼多，會卡在樹上，不會跌到山腳下而往生，頂多只是殘廢而已。

趴著慢慢走，姿勢怪沒關係，安全最要緊。

　　好了，到達觀音鼻的最高點，美麗的阿塱壹標準景點「南田海岸線」，就要呈現在眼前，在這裡，如果往太平洋的左右兩邊仔細看，會發現景觀大大不同，也算世界奇觀之一，在左邊「觀音鼻北端」屬平緩的海岸地形，右邊「觀音鼻南端」則是凸出的岬角地形，俗稱「鼻」，北部人則稱為「角」。目前所在地，稱為觀音鼻，往南望去，有牡丹鼻，出風鼻，到最南端，則是鵝鑾鼻，何以如此？且聽下段分解。

就要登頂囉

登上最高點囉

看見南田海岸線的最高點

　　在這裡，如果一時興起，除了拍照外，還可以玩玩飛越阿塱壹的遊戲，或是盤腿漂浮在阿塱壹的印度瑜珈。只不過，這不是每個人都能玩的，叔叔有練過，小朋友千萬不可以學喔！只不過，為了大家的安全，各位還是儘量多拍拍網美照，看我個人表演就好，如果認為精彩，請掌聲鼓勵，或貢獻一點紙鈔即可（我會放空的便當盒在地上），千萬不要有樣學樣，否則萬一有個閃失，我可單待不起。

作者親自表演，飛越阿塱壹。

作者在阿塱壹上漂浮

第十一段　觀音鼻北段下切點

　　站在最高點，先別急著下切，先往北看，是蜿蜒平順的海岸線，再往南看，卻是層層疊疊的岬角，令人想到，以前有個電視廣告，台詞是「平平十六歲，體格怎麼差這麼多」。沒錯，觀音鼻的南北兩岸，一樣是屬於東岸，也同樣受黑潮與東北季風侵襲，條件都相同，為何地型差異會如此大？這種景觀，世上少有，實屬珍貴。

　　據說，在幾百萬年前，由於歐亞與菲律賓板塊相互擠壓，形成造山運動，把台灣島硬是擠上來，而觀音鼻北方的地質，由於相同性質高，因此經過百萬年的風化，同性質的岩層風化時間差不多，故而全部風化，形成平緩的海岸線，但是，觀音鼻南端的地質，差異性高，造成風化時間不一，容易風化的就先化為塵土，不易風化的就屹立不搖至今，形成了岬角地形，比方說，用泥土包成一球團，另外再用泥土包一塊石頭成球團，然後一起放在室外，任憑風吹雨打，想當然，只包泥土的球團，最後會全部風化，而包石頭的泥土團，最後會只剩石頭，而岬角就像石頭，山谷就如同風化不見的泥土囉！

觀音鼻北岸，是平順海岸線

觀音鼻南岸，是凸出的岬角

繼續往下走，有一處平台，有個急救點的牌子，編號是 087，但用閩南語發音，諧音像「恁白痴」，位置又剛好在大家爬得氣喘吁吁的高點，看到這號碼，突然覺得，我幹嘛花錢來找罪受，還累成這樣子，此時大都心照不宣地會心一笑，但是，如果你依然健步如飛，完全不覺得累，087 就會變成「你霸氣」，一切隨遊客自行去體驗解讀囉。

最高點之急救牌（諧音：您白癡或你霸氣）

在 087 前累翻的遊客

在介紹與解說完 087 的意思後，有遊客要求和我一起裝 87 相，還說甚麼牌子是我介紹的，就必須以身作則，與民同樂，沒辦法，盛情難卻，只好和遊客玩玩 87 樣囉！

應觀眾要求，和遊客裝出 87 相。

拍完照，繼續前行，由此下切直到海邊，所見的盡是阿塱壹的標準景觀。如果看到 101 大樓，知道那裡是台北，看到大佛，知道那裡是彰化，看到安平古堡或赤崁樓，也知道那裡是台南，同樣，看到這種海岸線，就知道這裡是阿塱壹囉！

阿塱壹的標準景觀

有人問我，阿塱壹甚麼時候來比較適當，其實這個問題見仁見智，秋冬來走古道，因為有東北季風，會比較涼爽，如果可以選擇的話，建議要由北往南走，這樣比較順風，但天色易陰沉，照片拍起來比較暗淡不明。

春夏吹西南風，比較悶熱，就建議由南往北走，尤其是夏季，體感溫

驚豔 阿塱壹（琅嶠 - 卑南古道）

度有時會超過四十度以上，但是，天氣越熱，海水越藍，有如大顆藍寶石，萬里無雲的天空，猶如一大塊電影的藍色布幕，遠方群山特別明顯，謂之「出大景」，可以遠眺南北大武山，只不過一般遊客都已熱到發昏，無心欣賞美麗的藍天碧海與遠山含笑囉！

　　而七、八月是阿塱壹最熱的季節，也是百花盛開，海水最湛藍的時段，不怕熱，就七、八月來，不然，就煽動您的仇人或討厭的人來，讓他熱暈，只要告訴他，夏季來的話，風景美，但必須絕口不提天氣熱，更別說是我講的，否則就算您說了，我絕對一概不承認。

出大景之南北大武山

比較一下就能清楚

　　但是遇到陰雨天，雖然景色陰暗，卻也雲霧繚繞，猶如仙境，別有一番滋味，有一句話說：「心若爽，遇到甚麼環境，都會爽（有這句話嗎）。」所以，不論晴雨天來阿塱壹，都各有特色。

陰雨天也有朦朧美

雨後的阿塱壹群山

　　而春夏兩季，也正是白鷺南遷避冬結束，群體北返的季節，常常可以在太平洋海面上，看到白鷺群，在海面上一面飛翔，一面抓魚的畫面，而這些景觀，秋冬不易見到，所以，甚麼季節走古道比較好，沒有正確答案，一切依個人而定。

春夏走古道，在太平洋海面上，常可見到大群北返的白鷺鷥家族。

有時鳥口單純

有時族繁不及備載

　　接下來，就要走比較輕鬆，但也相對比較危險的下切路段囉！走下切路段時，建議持有登山杖的人，把它縮短放進背包，用雙手拉繩的方式下切，這樣會比較安全，否則，拿著登山杖走下坡階梯，會覺得登山杖反而是累贅，礙手礙腳地，甚至會一不小心，就戳到周邊的遊客，若發生這種事，對自己或其他人都不好。

準備下切囉

第二段下切點

　　在這北端下切點，共有兩段，上端較短但較陡，下到第一平台後的第二段，較長也較彎，但比較沒那麼陡。

　　在此，別光是急著下切，因為這裡也有令人驚豔的生態景觀。首先，在第一段的中途陰涼處，有顆名叫樹青的植物，它的樹幹出現可愛動物的臉，不但有眼睛，眼睛內還有眼球，嘟著嘴巴在為遊客加油。而兩旁的月桃樹，有些會出現很整齊的洞洞，那是台灣大蝗在月桃葉沒成熟，還在嫩葉期未張開前所啃咬的洞，等月桃葉被咬後，逐漸成熟展開，就形成這種整齊洞洞的奇觀。

樹青枝幹上的動物臉

動物左眼有眼珠，頭上長角。

捲葉期被啃咬的月桃葉洞

成熟展開後的葉洞

到處可見被啃咬的月桃葉洞

　　繼續往下切，到達第一平台前的小樹林，這裡是到達終點站前的最後遮蔭處，一般解說員都會讓遊客在此稍作休息，如果解說員不在此休息，硬帶著遊客繼續趕路，那應該是和遊客感情不睦，想看看遊客累攤的窘態吧！

　　趁著休息的時間，讓我再為各位介紹阿塱壹難得一見的植物奇觀。大家都知道，葡萄是生長在藤蔓類的植物上，有見過葡萄是長在樹幹上的嗎？沒錯！大家都知道，那就是樹葡萄！番茄也是長在藤蔓類的植物上，有見過番茄長在樹幹上的嗎？蛤！沒有！在將近十三年前，我到阿里山奮起湖參訪，就在某便當店的前面，看到番茄長在樹幹上，不禁心生懷疑，在好奇心的驅使下，立刻去問便當店的老闆：「請問大哥，長在樹幹上的東西是甚麼？」老闆回我：「那是番茄啊！」

　　「甚麼！那是番茄！怎麼會長在樹幹上？」

　　「沒錯啊！那叫樹番茄！」

「樹番茄！怎麼吃？」

「簡單啊！把它摘下來，用『漱』的（閩南語吸的意思），所以叫樹番茄。」哇哩咧。唬爛王果然充滿於社會各地。

好！言歸正傳！主題來了！大家也都知道，釋迦是長在樹枝末端的，請問，大家有看過長在樹幹上，叫做「樹釋迦」的植物嗎？連聽都沒聽過齁！來！來！來看阿塱壹的植物奇觀，這裡就有一棵，由大樹瘤裂成小樹瘤，組成釋迦狀，我稱之為樹釋迦的植物。樹瘤竟也可以長得像釋迦一般，還真是世間少有的生態奇葩。

釋迦樹瘤

樹釋迦

而植物界的性別，有的是雌雄異株，也有雌雄同株，分辨的方法，可以由花果或樹型枝葉來判斷。

但是，在這小樹林裡，偏偏就有一顆超級曝露狂的樹，為了讓大家知道它的性別，特別展露出它的性特徵，好讓大家一眼就認出它是公的還是母的，各位，看看這棵樹的性別特徵，應該很容易認定吧！

樹蘭佛〈所以它是公的囉〉

　　出了小樹林，有一處讓遊客拍團體照的平台，一般會在此取景，建議取景的重點，背景應該是阿塱壹標準的海岸線，日後才會知道在何處拍的。若是以山來當背景，那台灣到處都有山，時間一久，就有可能會忘了在何處拍的。

在第一平台拍合照

海浪也會在礫石灘上作畫

　　拍完合照，繼續往下切到海邊，在此讓我請教各位一個問題。在中國的道教，有一位神祇，聖名為「玄天上帝」，祂的腳下踩著兩隻動物，請問是哪兩隻？蛤！莫宰羊！好吧！讓我來解解惑！是烏龜和蛇，而這兩隻動物是從何處來，又為何會被踩在神明的腳下？蛤！還是莫宰羊！好吧！就聽我敘述這位神明的故事，再讓各位看看和這位神明有非常巧合的故事景觀。

　　經書上有一句話：「放下屠刀，立地成佛。」讚嘆的就是這位神祇，據說，這位神祇尚未成道前，是一位屠夫，每天的工作，就是殺豬。

　　某一天，當祂要去上工前，在路上看見一位比丘尼，跪在路邊，不斷地哭泣，祂一時好奇，便上前問道：「這位師父，您為何在路邊哭泣？」比丘尼一面哭，一面說道：「我行走時，一隻青蛙忽然跳到我面前，我閃避不及，不小心把它踩扁了，它雖然形體和我們不同，但也是一條寶貴的生命，想到它往生前的痛苦，我不禁悲從中來，所以在此哭泣。」未成道前的玄天上帝聽了這席話，忽然心中想著，您才踩死一隻小青蛙，就慈悲

心起，哭成這樣，我則天天殺豬，豬的生命在我手中，不知消失多少，又想到豬隻被殺時的痛苦哀號，不禁大澈大悟，為了贖罪，便帶著屠刀，走到海邊，用殺豬的方式，剖開自己的肚子，把腸子與內臟挖出，往海裡丟，就這樣放下屠刀，在海邊立地成佛。

而當祂成佛後，由於具有法力，所以祂的腸子化成了蛇，內臟則化成了龜，到處去為非作歹，危害百姓，讓當地的百姓生活於水火之中，玄天上帝大怒，立刻出馬，收服了龜與蛇，再把它們踩在腳底下，動彈不得，無法再作怪，所以，祂腳下踩的是龜與蛇。

好！故事說完！現在就帶各位去看看那兩隻被踩在腳下，龜與蛇的岩石，至於玄天上帝是否在此，我沒有天眼通，所以不予置評。

在第一平台往下切，到達轉彎處，往山腳下看，就能看到一隻酷似烏龜的岩石，其眼、鼻、口栩栩如生，令人驚艷，不得不對大自然的力量感到欽佩。

龜岩石

龜眼。鼻和嘴，清晰可見。

過了轉彎處，繼續下切，兩旁會有恆春半島常見，當地人稱為「雞角刺」的雞觴薊，春夏時節會開白色的花，我小時候在野外，如果嘴饞，會摘取白花來吃，味道微甜，但這裡是保留區，絕對嚴禁摘取一花一木，所以，還是欣賞就好。

北段的雞觴薊

　　當下切到接近樓梯盡頭時，再往海邊看，就能看到蛇岩石，頭呈三角形，嘴的部位猶如在吐信一般，有類似泡沫的碎岩，身體彎曲，深入礫石堆，好像要游向外海似地，所以，阿塱壹的龜與蛇之岩石，是否為玄天上帝所收服的靈獸，那就由各為自己去認定囉！！

蛇岩石

比較一下便知

　　退潮時，在蛇岩石的右方附近，還可以看到酷似海豚的頭，浮出水面在找食物，以及鱷魚的頭，也似乎在找獵物，阿塱壹的地形景觀，果真是絕無冷場，只要慢慢欣賞，到處都充滿驚奇。

海豚眼　海豚嘴

海豚岩

鱷魚眼　鱷魚嘴

鱷魚岩

好了！下切到礫石灘，古道也差不多快進入尾聲，再努力一下，走最後差不多一公里多的礫石灘，就可以出頭天了。

最後一段礫石灘

古道走到中途，有人會覺得累而有些後悔，但走到最後的礫石灘，因為快結束了，反而多少會有依依難捨的情懷，在這裡，建議各位不妨回頭看看來時路，會有不同的感受喔！

回首來時路，離情兩依依。

在早期，北端上切點，和南端一樣，都是拉繩索上切，若遇到有下切的遊客，因為繩子只有一條，所以必須互相禮讓，除了用壁虎功，先把自己黏在山壁上，讓另一方的人先上下，不然就要彼此抓緊，互閃，擁抱，然後跨步，再自行上下移動，這時就能看到人心的忠厚或險惡，遇到這種情況，有人會彼此幫忙，讓大家都能安全上下，有人只管自己安全就好，霸著繩索不放，一直到他爽，才願意把繩子讓給別人，所以當時常有險象環生的狀況，叫罵聲或求救聲，甚至哀叫聲，此起彼落。現在有擋土牆式的階梯，這種現象已不再發生，即使累了，也可以坐在階梯休息，不像以前那樣，累了只能趴在山壁上，雙手緊抓著身旁的樹叢或草堆休息，以防滑落。

早期是拉繩子上切，容易險象環生。

　　若是遇上假日，名額爆滿，大部分的團又是同一時間進入，就會產生類似「納茲卡線」的人龍，也算是滿壯觀的另類景色。

假日人多，形成阿塱壹的納茲卡線。

　　好！走了幾個小時，總算快結束了，有些人心情一放鬆，便累趴在岩石上，是在休息嗎？還是喜極而泣？或依依難捨，不想離開？這個不研究，隨個人喜歡吧！

累趴在岩石上，是捨不得嗎？

　　繼續前進，沿途可以發現許多漂流物，最嚇人的，應該是椰子殼了，因為它的背面是一顆椰子，但是一看到正面，大都會退避三舍，因為它就像被砍下的人頭，如果各位來此一遊，千萬別被嚇到喔！

椰子殼的背面（正常）

椰子殼的正面（嚇人）

剩兩根髮的張口椰子臉

　　有些椰子殼的毛皮，已和硬殼分離（如上圖），有遊客玩性大起，他應該是金庸的武俠迷吧！就拿起椰子的皮毛，充當金毛獅王過過癮。很好！走古道就是要會玩，才能值回票價，如果只是埋頭苦幹地走，忽略了古道的周邊精彩，保證回去後，累到只會捶胸頓足，後悔為甚麼要來，接著去咬揪團的人，那就不好玩了。

戴墨鏡的金毛獅王

　　繼續往終點，再走一小段，左方的岩壁，有瀑布可供洗滌與消暑，所以可以在這裡稍微休息一下。這瀑布的水源，早期是旭海最北端的楊姓人家，一切民生用水的來源，目前楊先生已找到新水源，不用再大老遠引流瀑布的水來使用了。

北端礫石灘瀑布

瀑布上依然可見引水的水管

　　如果不想沖洗的遊客，也可以暫時到瀑布旁的「老木休息區」去稍作休息與整理，雖然名為休息區，但只有兩根巨木而已，並無遮陰物，而這兩根巨木，也不知是從何方流浪過來，定居在此，最後就變成古道的休息區的座椅了。

老木休息區

在瀑布區洗滌與消暑完畢，繼續努力前行，沿途太平洋的浪花，打在北端礫石上，發出喀拉喀拉的聲響，猶如在唱歌，鼓勵著所有遊客，伴隨著海聲，在不知不覺中，就快要結束難走的礫石灘，進入好走的路徑囉！

再一段礫石灘就結束了

陰天一面欣賞雲層繚繞的遠山，一面漫步在礫石灘，也不會覺得累。

OK！礫石灘結束，準備進入北端檢查哨，在進入檢查哨前的左邊山壁，會見到嵌入山壁內的一整排礫石砂岩，和南岸的海岸林盡頭一樣，這也是古代道路的奠基石遺跡，我一直在想，當初我太祖去台東所駕駛的牛車，應該就是行駛在這遺跡的上面吧？頓時有時空交錯的感覺，好像看到先祖的影像一樣，懷念之情，油然而生。

古道以前的奠基石

看著奠基石，推測先祖在上面走過，不禁有時空
交錯的感覺。

　　看完古代奠基石的遺跡後，就進入林道前的北端稽查站，在此，遊客
身分會再檢查一次，才會放行進入林道，前往終點停車場。早期的稽查站
並非在此，而是在區隔屏東與台東的塔瓦溪之屏東端，而稽查站會移到此
處的原因有二：其一是有少數不申請的份子，在稽查員無法察覺下，就偷
偷由海邊礫石灘，摸進入古道保留區，但是那些違規份子，就算逃得過稽
查員，一定會在古道遇到帶團的解說員。當然，解說員會通報兩端的稽查
員開單，為了預防這種事再發生，稽查站便由塔瓦溪旁，遷移至目前林道
與礫石灘地交界處，這樣就算偷偷由礫石灘闖入，也會在交界處被稽查員
發現，接受開單處罰。

　　另外一個原因是，在這裡有獨戶的楊姓人家，若有親朋好友要來拜
訪，就要經過舊檢查哨攔查，造成楊姓住戶親友的困擾，所以把檢查哨移
至林道與礫石灘交會點，就能避開這困擾，一舉兩得。

礫石灘盡頭，進入林道。

稽查站前的人型偶

人偶遙指阿塱壹

礫石灘終點的稽查站

接受稽查人員的查核

在稽查站前面，有一棵長滿五顏六色果實的樹，遠看令人垂涎欲滴，近看會發覺，這是稽查員利用海洋廢棄物，所做出來的藝術品，在樹的旁邊，還吊了幾串色彩繽紛的香腸，令人佩服稽查人員的幽默與藝術天份。

長滿五顏六色果實的樹

色彩繽紛的香腸

核對身分結束，就可以走入林道，前往南田停車場囉！夏季走在林道中，會發現路旁有紅中帶綠的特殊植物，那是當地人稱為恆春聖誕紅的「猩紅草」，那紅色的部分，是樹葉而不是花，這種現象，植物學上稱為「假花現象」，因為真正的花，位於紅色葉子的中央，由於是綠色的，比較無法吸引蜜蜂或蝴蝶來採蜜授粉，因此便在花的周邊，讓葉子形成鮮豔的紅色，吸引昆蟲來授粉，以達以傳宗接代的目的。

過了稽查站，進入林道。

恆春聖誕紅（腥紅草）

在林道途中的右前方，有一棵已經枯萎多年的欖仁樹，樹型特殊，即使枯萎許久，依然亭亭玉立，不會死得很難看，似乎在開示人們，如果駕鶴西歸，也要漂漂亮亮地走，才會令後人景仰。

枯萎卻頗有造型的欖仁樹

　　一般過了稽查站，尤其是夏天，走到此處，幾乎都差不多快葛屁了，所以會在旭海最北端的楊姓人家所開的小雜貨店休息，順便喝喝楊先生自己熬煮的青草茶，這種由數種草藥熬煮的茶飲，我稱之為「會微笑的茶」，因為這種茶很苦，喝的人表情會七孔縮成一孔，旁邊的人看了覺得很滑稽，就會不自覺地微笑。不過這種青草茶苦雖苦，卻也會立刻回甘，聽說對肝臟有保養的作用，大家不訪試試。

楊先生家的客廳

門牌顯示，這裡還是旭海。

這是楊先生的雜貨店

在雜貨店休息的遊客

　　最早楊先生的雜貨店，其實是他的倉庫，是磚造非鐵皮屋，由於莫蘭蒂颱風的肆虐，使得原來的磚造物下陷毀壞，才拆掉重建目前的鐵皮屋，也由於進出阿塱壹的遊客日多，便把倉庫改為小雜貨店。

早期的磚造屋

　　到達楊先生的場域範圍，會發現毛小孩眾多，仔細一看，有不少的毛
小孩是缺腿的，最特殊的是有兩隻毛小孩（一白一黃），斷了兩隻腳，還
斷在同一邊，不但平衡感特佳，跑起來也不輸四隻腳的，其生命力之強韌，
值得那些動不動就懷疑人生，甚至放棄人生之輩，來向這隻毛小孩拜師學
習，練就如何在缺憾中求生存的堅強意志。

楊先生家的狗群

狗群中的強者　雙腳狗
平衡感特佳的雙腳狗

　　OK！休息完畢，繼續前往台東端的停車場，當經過舊檢查哨，橫斷介於台東與屏東的界線「塔瓦溪」時，就進入台東縣界，而古道的探訪，也即將結束。

前往台東的小徑

第十二段　古道南田端

　　以前，要由台東端進入古道，會在塔瓦溪的屏東端，檢驗進入遊客的身分，由於網路的誤導，說甚麼從屏東進入要申請，從台東進入可以不用申請，所以有許多誤信網路的遊客，就由台東端進入，結果，從台東進入，果然不用申請，但也只能到塔瓦溪的台東端而已。要進入屏東，一樣要申請，有些不想回頭的遊客，就利用地形地物，不顧危險，由海邊利用礫石灘來躲避稽查員，殊不知，躲得了稽查員，卻躲不了阿塱壹的解說員，一旦被解說員發現沒申請而擅自闖入，就會用對講機通報稽查員進入抓人並開罰單，後來就把稽查站往內移到目前的位置，不論違規者走正常的產業道或由礫石灘，都會在稽查站交會，難逃稽查人員的法眼，所以，奉勸想走古道的貴賓，一切還是照規定申請才好，不用因為怕被發現而驚心膽跳。

　　況且，有解說員帶，不但可以保護大家的安全，更可以讓大家了解阿塱壹的一切文史生態與景觀，完全值回票價，實在沒必要為了省那區區的解說費而冒險。萬一發生事故，一切的救援費就必須全額付出，反而比支付解說費貴許多，何必呢！

早期的稽查站

早期的稽查站全貌

早期的稽查實況

早期稽查站的告示牌

　　過了古早的稽查站，就進入雙東〈屏東與台東〉的界線「塔瓦溪」，之所以名叫塔瓦溪，並非原住民語，而是閩南語，因為早期這條溪長滿了肥豬豆與濱江豆等等的豆科植物，當地人會摘取食用或販賣，因此稱這條溪閩南話為「豆仔溪」，民國 38 年，政府來台要正名許多地方，公部門問當地人曰：「這條叫甚麼溪？」由於剛光復，當地人受日本教育，雖然聽得懂國語，但只會講閩南語和日語，因此就用閩南語回答：「這條叫豆仔溪！」而當時的公部門又不太懂閩南語，便直接用閩南語發音的「豆仔」，寫成「塔瓦」溪。

塔瓦溪名稱由來　肥豬豆（閩南語豆仔發音似塔瓦）

屏東與台東交界處「塔瓦溪」

　　塔瓦溪雖然是雙東的縣界，但範圍太大，所以在塔瓦溪的中間，也有一條看不見的中線，跨過就是台東，沒跨過就還是屏東，因此這裡稱之為「無中線」——不是某演藝人員的名字喔！為了讓各位遊客清楚知道中線在何處，作者特地為各位製作一張標示牌，只要大家拿著標示牌，站在中線的界碑處拍照，就能知道台東與屏東的位置。請大家為作者的用心，掌聲鼓勵。謝謝！

在台東與屏東交會處留影

縣界指標

作者再親自表演拿標示牌

　　塔瓦溪的出口處，屬於沒口溪，也就是說，當秋冬季的枯水期來臨時，東北季風強勁，會引導海浪把出口處的礫石往岸上帶，塔瓦溪的出水口便被堵住。等春夏的豐水期（梅雨季或颱風季）時，塔瓦溪源頭的水會大量往海邊帶，力量之大，把堵住出水口的礫石沖開，讓溪水流向大海，這是東部海岸與恆春半島常見的「沒口溪」現象。

大水沖開河口

只好溯溪過河

或走礫石灘，繞過河床

　　而塔瓦溪的河床上，常有大大小小的漂流木或海洋廢棄物散落在其中，有些頗具造型的漂流木，就會被有心人士利用，當場做起文創，下圖浩劫重生的威爾森木，就是遊客的文創作品。

塔瓦溪畔的三角獸漂流木，有人稱它為浩劫重生的威爾森木。

　　當我們快走完古道時，如果看見有團體剛剛才要進入古道，一想到他們還要走好長的距離，而我們已經快結束了，心裡就會自然而然地感到輕鬆自在，這是人之常情，不用自責，認為自己很沒同情心，因為我們也是這麼走過來的，只要激勵他們，對他們喊「加油」，就行了。

由北端剛要進入古道的團

　　過了塔瓦溪，在春夏之際，路邊會長滿許多紫色的小花，稱之為「土丁桂」，而土丁桂旁，也有許多海馬齒陪伴在身旁。

山坡旁的土丁桂

土丁桂旁的海馬齒

　　繼續前行，左邊可見一小山坡，山坡上長滿了雞觴薊，坡上有當地獵人狩獵時走的路，稱之為「獵徑」，獵徑旁是時雨瀑的位置。所謂時雨瀑，是在下大雨的時候，才有瀑布，沒下雨時，就乾枯無水，只露出岩層而已。

山坡上長滿了雞觴薊

南田端的獵徑

獵徑旁的時雨瀑岩層

　　而這裡的時雨瀑山谷，又稱之為回流瀑山谷，因為這裡是東部，秋冬季常有強勁的東北季風，若是下豪大雨再加上強勁的東北風，瀑布往下洩時，會在半途被強風吹到往上折返，形成很特殊的 U 型瀑布，故稱為回瀑谷。

下大雨時會有瀑布

　　離開回瀑谷，繼續往停車場前進，一路上到停車場，都是平坦的砂石路，不下雨就很好走，但若颳起東北風，小沙粒會直撲臉頰，大家都會瞇著眼，變成「矇娜粒沙」，若是下雨天，成為爛泥巴路，鞋子就會越穿越重。所以容易積水的部分地方，南田社區就把它鋪上水泥，讓人員與車輛都比較好走。謝謝南田社區的用心！！

回瀑谷前的道路，鋪上水泥。

爛泥巴路變成水泥路

往停車場的部分水泥路段

　　其實早期的泥巴路，雖然下雨時難以行走，但是路面的坑坑洞洞，因為積水，也會形成各種的圖樣，建議各位，如果真的遇到不好的天氣，不妨轉換一下心情，看看下雨天在路面上留下的藝術傑作吧！

心型的積水坑

葫蘆型的積水坑

好！終點就在眼前，就算累的話，往右邊看看海，看看天上的雲朵變化，在不知不覺中，就到達終點囉！

往停車場的海與雲

快到終點囉

好了！總算到達停車場，結束這段難忘的古道巡禮，有遊客表示，平常看到遊覽車，完全無感，走完古道再看遊覽車，就好像看到許久不見的親人一般，特別感動與高興，因為總算可以鬆一口氣了。

遊客各自上車囉

　　阿塱壹行程，到此告一段落，各位覺得如何？阿塱壹雖不是最美的，但卻絕對是世界唯一的，因為裡面充滿了地景奇觀，若是破壞它，全世界再也找不到相同的奇景了，期望各位在體驗古道之美的同時，也能盡一份心來保護它，讓後代子孫也能永續感受先人的辛苦與古道之美，更讓全世界都來體驗這獨一無二的古道景觀，這才是我發願出這本書的主要目的。

　　最後，祝福各位身體健康！年年平安！

　　附註介紹：帶阿塱壹的團，算算也已十餘年，這期間阿塱壹的景觀，有些地方，如書內的介紹，已經有變化，接著要介紹的，是在各種晴雨天，古道會形成的特殊景觀，以及其他較特殊的事物，與大家分享。有些另類的遊客，他們的行為，常會為古道增添不少的樂趣與新鮮感，這些都是阿塱壹迷人的地方，以下，我就用花絮的方式，把阿塱壹的一些不是常常有的狀況，介紹給各位，請大家與我共襄盛舉。

　　節目最後，為了讓走完古道後，會留宿在當地，或時間還早，想要再到處逛逛的遊客，提供一些阿塱壹的周邊景點，希望能讓各位不虛此行，滿載而歸。

第十三段　阿塱壹的其他花絮

1. **特殊的景觀**。走古道，一旦遇上颱風下雨的天氣，請轉個念，反正都遇到了，就好好欣賞與體驗下雨天的另類景觀，最常見的就是時雨瀑了。由於阿塱壹全程的地形各異，所以瀑布的樣式也各有所長，高矮胖瘦，燕瘦環肥，各種樣式的瀑布都有。然後，由於河水暴漲，要過河就得八仙過海，各憑本事。不然就要對比較夠力的同伴拋媚眼，撒嬌一下，然後請他幫妳一把。用餐的時候，一定要把雨擋住，否則會越吃越多。當然，雨水或河水，也會把原有的景觀文創一番，雕塑成老天喜歡的樣子。好！現在就來欣賞阿塱壹，不常看到的所有另類景觀。

　　以下是只有在下雨天，才看到的各種瀑布樣貌。

溪流型的瀑布

分流型的瀑布

拉肚子型的瀑布

膀胱無力型的瀑布

懼高型的低平瀑布

風大浪大，驚險刺激。

　　雨後的阿塱壹，到處可見大小瀑布沖刷路面，造成行走困難或危險性提高，請聽從解說員指示。

溪水會沖刷河面，增加行走的困難度

　　如果雨勢過大，又連下好幾天，河水會切斷去路。若有被溪水沖壞的路面，只能用跳躍或架獨木橋方式過河。

溪水暴漲時，用跳躍過溪。

也可以架獨木橋過溪

此時可以試驗自己的平衡感

這個直接走過來就行了

被困住的遊客

下定決心給它渡過去了

腳長就是有優勢

看破了！濕就濕吧。

不知有沒有人後悔來

水退後，會有石階露出。

被雨水沖刷的沙丘，會行成美麗又壯觀的濃縮版峽谷沙丘地形。

峽谷沙丘之一

峽谷沙丘之二

漫步峽谷沙丘中

　　河水雖然會形成美景，但也會破壞環境，南端稽查站旁的羊仔溪，就這樣硬生生被沖成牛仔溪。

旭海稽查站旁的羊仔溪

　　如果遇到風勢強勁，空氣品質又不良，古道的海邊，就會飄起陣陣的白雪，猶如冬季走在北國的海邊一樣，這些白雪，其實是垃圾泡沫，被強風吹起時，好像下雪一般，最好還是別摸才好。

猶如積雪般的礫石灘　　　　　　　　雪花覆蓋的礫石攤

雪花片片迎面來

　　有些時候，走在古道上，常常會有東邊飄雨西山晴的情形，當看到對岸蘭嶼的上空烏雲密布時，阿塱壹卻是豔陽高照。或者，阿塱壹正下著傾盆大雨，但往台東方向一看，卻是晴空萬里。甚至於，整片天空，有時竟然可分為晴天、陰天、雨天和豪雨天四個部分。各位！請問您看過豪雨像一束瀑布，好像在旅遊般，四處移動嗎？這在氣象學上，好像叫做「雨瀑」，而雨瀑周遭，則完全是晴天，只有雨瀑裡面才下雨，阿塱壹多走幾趟，甚麼狀況都可能會遇到。

太平洋的雨瀑

　　就像電影「海角七號」的名言，友子擔心下雨會影響演唱會，歌手中孝介安慰她：「難道妳不期待彩虹嗎？」同樣，當阿塱壹的雨勢退去，恢復晴空時，彩虹絕對會適時出現，以療慰遊客淋雨的心。

雨後的彩虹

　　走在海岸邊，如果遇到大潮，再加上強勁的東北季風，千萬要小心，因為海浪（尤其是瘋狗浪）會無預警地沖上岸，若一不小心，就會讓海龍王幫你洗澡。所以，千萬不要走在濕的石頭或礁岩上，因為石頭或礁岩會濕，表示海浪會沖到那哩，避開它，就能增加安全性。

　　PS：台灣東岸是二次潮，每天有兩次的漲、退潮，阿塱壹的每位解說員，都會查詢漲潮時間，以確保遊客安全，請各位安心使用。

被海浪襲擊的遊客

2. 特殊的礫石砂岩藝術品。古道的礫石，每個都十分迷人，如果仔細品味，一定會發覺，許多石頭上有各種白色，像圖畫般的紋路，那是有名的「南田石」，白色紋路是石英，所以南田石又稱「圖畫石」。

有些石頭，變化多端，讓人驚嘆，而奇形怪狀的屁股石，更是令人噴飯。由於奇石的數量太多，無法全部公開，所以只能列舉一部份來分享，其他的就請你們到現場去自行發覺囉。還是那句話，石頭僅供欣賞與拍照，千萬別私藏喔！

在石頭上奔跑的小狗

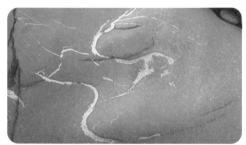

鴿子圖案的南田石

有蜥蜴圖案的南田石

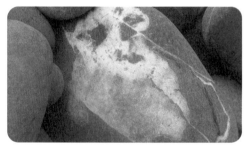

酷似蠟筆小新的南田石

冏石（有冏字圖案）

剛孵出的幼蛇

茶葉蛋石與雙頭蛇

某汽車廠牌的標誌

雞蛋石與饅頭石

笑臉石（你看它笑的多開心）

哭泣的石頭（竟然是白色眼淚）

外星人石（眼睛會泛出紅光）也是 ET 石

科學怪人石

睡石（石頭會睡覺，沒見過吧）

看過〈鬼馬小精靈〉的動畫卡通嗎？這是小精靈的師兄之一。

~~~ 以下是各種類型也是各年齡層屁屁石 ~~~

超過六十歲的「老屁石」　　年輕的「翹翹饅頭屁石」　　衰老鬆垮的老年垂屁石

以下兩張是男性雄風石

魚眼石　　　　　　　　　　日本獨眼妖怪石

男性雄風石

比比看！誰的腳大！

水晶礦

用星光筆照石英或水晶，會形成美麗的綠寶石。

3. **特殊的愛台灣。**阿塱壹是真正心中有台灣的古道，可以稱之為「愛台古道」，不論是礫石灘或林道山路，阿塱壹隨處可見台灣圖案，南田石的紋路有台灣，石頭的樣子是台灣，連景觀都有台灣樣，這比起那些口口聲聲愛台灣，卻常幹一些丟台灣臉的人強多了，這才是真正的愛台灣啦！您說對不對！

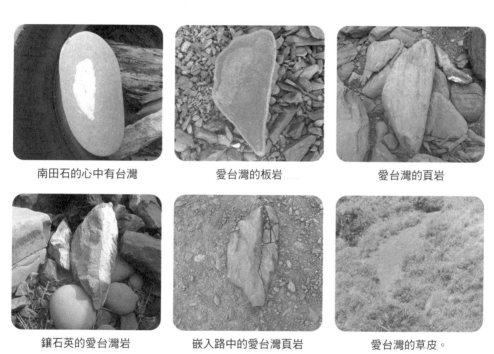

南田石的心中有台灣　　　愛台灣的板岩　　　　愛台灣的頁岩

鑲石英的愛台灣岩　　　嵌入路中的愛台灣頁岩　　　愛台灣的草皮。

連積水都愛台灣（月牙泉）

4.**特殊的遊客**。帶團已有一段不短的時間，當然會遇到各式各樣的遊客，有些只會自顧自地拍照，有些會和解說員合照，也有不少的遊客會要求解說員，一起和他們同樂拍照，當然也有少部分遊客，會使出渾身解數，展現與他人不同的一面。有了這些特殊遊客，當然也增添了古道不少的歡笑與樂趣，讓大家忘卻疲勞。

別以為阿塱壹只有台灣人會來，這條古道，已是世界知名，我就帶過不少外國人。別懷疑，我有上過英文課，所以帶外國團，我都全程講英文，只不過，好像沒有人聽得懂，最後還是得麻煩別人翻譯。

首先要介紹的是，您相信嗎！阿塱壹的盛名，已在天堂流傳，連神明都聽說過，所以有神明要求信眾，要來走阿塱壹，信眾當然就請神明來古道巡視繞境，以保古道的遊客，永久平安。

媽祖繞境阿塱壹

神明既然都要來阿塱壹，那未來的神明（出家人），當然也不遑多讓，遵循神明腳步，來古道巡禮修行。

穿著袈裟走古道的師父

師父們用站的方式休息

是少林寺來的師父嗎？

　　如果您有在看旅遊的相關節目，其中某電視台的「金探號」，就是在
介紹國內、外的景點與吃住的相關訊息，讓一些自助旅行的民眾，有了遵
循的目標。其中有位旅遊達人「馬繼康」老師，更是該節目的固定座上賓，
馬老師也是阿塱壹的常客，有幸和這位嘉賓同隊，當然一定得和他合影留
念囉！

驚豔 阿塱壹（琅嶠-卑南古道）

與旅遊達人馬繼康老師（右）合影

　　每到畢業季節，總會有不少應屆畢業生，帶著學士袍，來走阿塱壹，以見證年輕不留白，拍一張另類的學士服。

在平台換學士服，準備拍團照。

找我當教授合拍的準畢業生

　　當然，有不少學生，雖然還未畢業，也想預先體驗走古道的樂趣，以下要介紹的兩團，一團是知名醫學院研究所的學生，另一團是兩位結伴而行，準備徒步環島的醫學院學生。

　　帶到這些醫學院高材生，當然必須表明，我也非泛泛之輩，所以就告訴他們，我差一點就是你們的學長，因為我過去是讀丙組的（現在叫第三類組），準備考醫學院，只不過差那麼一點，所以沒考上。其中有位女生問我：「學長，你差幾分？」我回答：「大約三百多分！」那位女生竟然很驚訝地說：「喔！學長，那你是好大的一點喔！」聽得我當場有如萬箭穿心，差點去跳海。

醫學院研究所的高材生

結伴徒步環島的準醫生

　　還有，我帶過最特別的，是眼睛完全看不見的盲胞團，雖然眼睛完全看不到，但他們靠著意志力與毅力，登上最高點，越過礫石灘，安全通過亂石堆區，走完全程，令我十分佩服與感動。所以每次有遊客走到一半，在那邊唉聲嘆氣，頻頻問我「還要走多久」時，我就會用盲胞走古道的例子來鼓勵他。當然，對方大部分都不相信，認為我在唬爛，還反問我，盲人怎麼可能會來走古道？好吧！沒圖沒真相，就讓您們看證據吧！

超級有毅力的盲胞團，每位盲胞都會有兩位非盲者照顧。

驚豔 阿塱壹（琅嶠 - 卑南古道）

　　在帶團的期間，總是會和遊客們，由生疏而變成熟悉，再由熟悉變成會彼此打情罵俏的好朋友，所以，有不少遊客，要拍照時，總會拉我一起合照，有時還要配合他們，搞一些稀奇古怪的姿勢，像裝可愛或演話劇等。唉！錢真是難賺！

陪遊客裝可愛

陪遊客裝〈蝦〉

幫遊客拍 ➜ 漂浮阿塱壹

陪遊客跳大腿舞

話劇狂的遊客

錢難賺，得陪遊客露肚，還要合體比 YA ！。

　　遇上有才藝的遊客，在休息時間，就會自動上台表演，增添古道的文藝氣息，這位女才子，當場吹奏一曲橫笛，表演完畢後，我忽然發現，這隻橫笛，竟然是塑膠水管挖洞做的，真是太優秀了。

即興表演的橫笛演奏橫笛是塑膠水管做的

　　不惶多讓，我也來個橫笛演奏，但我的橫笛式蛋捲做的，所以音樂聲是從嘴巴出來的，而我這隻橫笛會越吹越少，音樂都還沒結束，蛋捲橫笛就不見了。

作者表演蛋捲橫笛吹奏（差點被丟雞蛋）

驚豔 阿塱壹（琅嶠 - 卑南古道）

　　有製造文藝氣息的遊客，也會有製造古怪氣息的遊客，變裝成虎姑婆或貞子，為古道增添了不少歡樂的氣氛。

阿塱壹出現了虎姑婆

貞子不待在井裡，來走阿塱壹嚇人。

原形畢露，看到狐狸尾巴了。

四肢全用上，這才是真正的〈爬〉山。

　　也有音樂動畫公司，專程來阿塱壹節錄海浪聲與取景，預備公佈在網路上，阿塱壹會越來越紅囉！

來古道取景，錄製海浪聲。

再錄製滾石的聲音

　　阿塱壹除了名聞國內，連外國人都嚮往，但大部分都是自由行的比較多，所以我帶到的外國團，幾乎都是小團體，因此結交了不少外國朋友，這也算是帶古道的另一份非財物類的收入。

來自英國的朋友

來自甘比亞的朋友

來自法國與西班牙的朋友

　　遊客中，不乏一些熱愛地球，為環保而來的團體，當他們快結束行程前，總會每人發兩到三張垃圾袋，然後開始淨灘，看到遊客如此自動自發地愛護環境，身為解說員，當然也一定盡全力配合囉！

淨灘的遊客

　　最後，介紹已成絕響、不可能再看到的團，那就是騎自行車環島的團。因為阿塱壹必須申請，若要真正環島，不通過阿塱壹，就是缺了一角的環島，所以有些騎車環島的團，就申請走阿塱壹，然後騎車過古道。現在，

除了不能帶寵物走古道，連自行車也在禁止之內，因此，騎車過古道的經驗，已成歷史的回憶。

自行車在古道上，是幸福的，因為，在一般的道路上，它都被人騎，只有在古道，可以嚐嚐騎人的滋味，這就是所謂的「風水輪流轉」吧！

古道上的車騎人

一路上，人都被車騎。

上坡路段還是車騎人

到了終點，就變回人騎車。

有些好奇心強的遊客，最喜歡圍著我問東問西。像某一天，因為東北季強勁，我的團又是由南往北走，依據經驗，是逆風而行，強風會把細小砂石吹到臉上，很痛的！為了保護我的臉皮與眼睛，所以就全程戴安全帽帶團解說，就這樣，竟然有遊客從開始笑到結束，還圍著我問一些奇怪的問題。

各位，安全帽不是只有騎機車才可以戴，好嘛！只要能利用到的地方，都可以戴，就像雨衣，也不是下雨才能穿，天冷時還可以穿來保暖，這就叫做「物盡其用」。

遊客的笑臉，好像在看怪物。

戴安全帽一樣可以保護遊客安全

　　還有更厲害的人，竟然可以徒手戰勝外星人，然後把戰利品「飛碟」帶回家……阿塱壹果然到處充滿了臥虎藏龍的特異人士。

帶著戰利品（飛碟）回家的勇士

5. **特殊的動物行為**。阿塱壹除了地形、礫石、礦物和植物景觀外，還有動物景觀同樣非常豐富，歡迎各位去現場發掘囉。

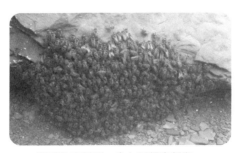

遷移的蜜蜂群，會在阿塱壹暫留。

　　春、夏是動物求偶與繁殖季，所以隨處都可見到演愛情動作片的動物，增添了不少古道的活力與趣味。

戀愛中的班卡拉

台灣大蝗的洞房現場，動物界體型有許多都是雄性小，雌性大。

繁殖季，南蛇就在草地上表演「纏綿悱惻」的動作片。

紅姬緣椿象之愛

天上飛的大冠鷲，演出一場〈探索〉頻道才看得到的「求偶舞」。

大冠鷲求偶（正常）

大冠鷲求偶（3P）

驚豔 阿塱壹（琅嶠 - 卑南古道）

松鼠的愛情長跑

找不到女朋友的狗，會春情大發地，見到人就「現寶」。

蜻蜓之愛

活動結束後，狗狗也會來聽我解說旅途趣聞。

6. **特殊的植物**。除了動物外，阿塱壹的植物景觀也十分精采，有勵志堅忍型，有特殊行為型，有陰陽怪氣型…等等，琳瑯滿目。一樣還是歡迎各位到現場觀察，比較有身歷其境之感覺。

這是所謂的「出草」嗎？

旭海分駐所前的柏油路面，竟被雜草穿越，草的韌性，真是令人欽佩。

休息區中，有大欺小，強凌弱的植物相，和人類的社會有些類似。

女樹男樹

萬物陰陽相生，植物界當然也一定有陰陽之樹囉！

雨後的木梯下，常有毒蕈類。

7. **超值的限量煙火秀**。如果運氣好，走古道時，巧遇上九鵬飛彈基地
的實彈射擊，就可免費看一場價值幾千萬的煙火秀了。

飛彈發射的瞬間   飛彈雲

飛彈命中，標靶掉落。

把握難得的機會快拍照

遊客爭睹難的一見的煙火秀

　　既使沒有飛彈的千萬煙火秀，天上也常常會出現光芒四射的基督光或佛光與飛碟光。

　　在廣闊的太平洋上空，若遇到小陰天，雲層不厚，陽光由雲縫中往下穿出，就能看到美麗的「基督光」。如果是往上穿出，就可見到迷人的「佛光」。若是往四面八方、亂七八糟地穿出，就可見到特殊的「飛碟光」了。至於為何陽光往下是基督光而往上是佛光？這是氣象學的名詞，誰取的，我就不得而知了。

基督光之一

基督光之二

佛光之一

佛光之二

飛碟光

在炎熱的天氣裡，走起來雖然累，但是，往天上一看，有很大的機會可以看到日暈，這也是大熱天才能見到的景觀，所以說，走阿塱壹，只要您放寬心情，任何時候都可能會出現驚奇的自然現象。

日暈

8. **特殊的雲層景觀。** 大晴天或小陰天的阿塱壹，天上的雲層，簡直就像眾神明的藝術創作一樣，各種的變化稍縱即逝，永不再呈現，只能留在紀錄中，所以來走古道，請地上海上與天上，要全部瀏覽，才會不虛此行。

接下來，請好好欣賞神明在天上的集體藝術創作，如果您看不懂，我會指出特定位置，或者在底下做一張比較圖，在兩張圖的比較之下，便可一目了然。

有眉、眼、嘴的側臉雲　　　　　　　　看出側臉的位置嗎？

髮
眉
眼
鼻
嘴

相擁抱的情侶雲

情侶的頭髮與臉

擁抱的手

情侶雲對照圖

阿公背孫子的親情雲

阿公

孫子

親情雲對照圖

蓮花座上的神尊雲

神尊

蓮花座雲

神尊雲的對照圖

相親吻的情侶狗雲

雞頭雲

騎神獸的神明雲

神明　　　　　神獸

對照圖

貴賓狗雲

趴在山頭的小狗雲

尾　　　　　狗眼

嘴與鼻

狗雲示意圖

小狗雲對照圖

站立的老鼠雲

土撥鼠雲與大冠鷲

象鼻雲

　　阿塱壹旁的太平洋，是試爆原子彈的場所嗎？大家看看，這是不是原子彈爆炸後的香菇雲！

原子彈爆炸的原爆香菇雲

不會躲避原爆的遊客

很少見的螺旋雲

肋骨雲

煙火雲

萬箭穿心雲

以下是各式各樣的飛碟雲，請用力欣賞。

雲層上即將出現飛碟的光

飛碟機隊入侵阿塱壹

一分為二的飛碟

看到駕駛艙的飛碟

即將降落的飛碟

9. **作怪的人為景觀**。來古道的遊客，甚麼樣的人都有，看到海洋垃圾，不來個藝術創作就不爽，看到石頭，不玩它一下也不爽。不過，只要不違規，解說員還是會讓大家盡興地玩到爽。

　　古道的沿途，到處充滿了遊客的創意，有的玩海廢，有的玩石頭（再一次強調，玩歸玩，千萬不得撿回去喔），而這些創意，也成為眾多遊客拍照留念的另類景觀之一，以下，請慢慢欣賞。

別誤會，這不是軍人的墓。

漂流木的椰子人像

別緊張，這不是福地。

堆疊的石頭，是〈祈福石〉。

飄流木上的雙祈福石

接下來，是特技的祈福石，請慢慢欣賞。

獨立的祈福石

站立堆疊的祈福石，是阿塱壹的特產，您見過嗎？

古道沿途，到處都有這種站立堆疊的祈福石。

酷似人像的祈福石

奇特疊石，當然要拍照囉。

這樣也可以弄成人臉

這位遊客應該是書法家

10. 有造型的漂流木藝術品。由於阿塱壹沒有防坡堤與消波塊，所以海岸線是直接與海洋相連，沒有任何的人工物阻隔，因此有許多的東西會直接上岸，最多的就是海洋垃圾，縣政府每隔數月，就會辦一次淨灘活動。除了海廢，也常常有奇形怪狀的漂流木，而這些漂流木，不經修飾，本身就是藝術品，也為古道增添了不少文藝氣息。

長頸鹿型的漂流木

天鵝型的漂流木

水牛型的漂流木

鴕鳥型的漂流木

觀音型的漂流木

作者撿到的羊駝漂流木

11. 救援行動

雖然解說員會注意大家的安全，每位遊客也都遵守安全規定，只是，有時候人算不如天算，稍微一個不小心，就會發生走古道時，最不願意看到的意外事故。

不過，請大家放心，因為所有阿塱壹解說員，都有受過 EMT1（急救方法）的專業訓練，尤其在每年的回流教育結訓後，都必須通過考試，否則就不能帶團，而且只要帶團，就必須隨身帶著急救包，否則被突襲檢查沒帶，就會被停權處分。

但，急救歸急救，在當場處理，讓遊客暫時安全之後，還是得呼叫專業的救難人員（消防隊與海巡署）進來支援，等遊客上救護車，到達醫院，進行真正的專業處理後，解說員的任務才算完成。

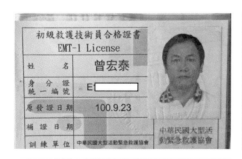
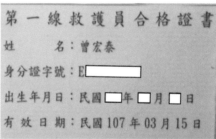

解說員都有這麼多張急救證照，但願用不到。

作者親自揹著重達六十五公斤的腳扭傷國中生到
停車場

輕傷用攙扶的方式出去

嚴重就用擔架抬出去

在亂石堆區受傷較麻煩

必須先把受傷者背出亂石區

再用擔架抬出去

救護車會在路口等傷者

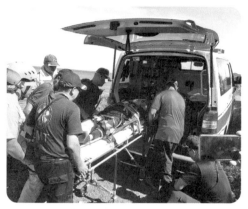

上救護車還要陪到醫院

辛苦的海巡兄弟

台東端的救難員，是大武消防隊的郎（人），故
稱武消郎。

台東端的救護車

情況緊急，會呼叫直升機。

第十四段　古道整修

　　古道由於眾多遊客造訪，每過一段時間，總會有崩落的棧道與土石，縣府為了遊客的安全，只要發現古道有危險的情況，就會封山，規定所有解說員要整修步道，尤其是觀音鼻南北兩端的木棧道，解說員在烈日下揮汗整修，也是為了遊客的安全，希望來訪的遊客都能高興地來、平安地離開，才不枉費我們辛勤的努力。

　　當然，縣府也會在固定的時間要求淨灘，雖然無法完全使海岸乾淨，但是至少不會越來越髒，希望遊客到此一遊，千萬別亂丟垃圾，使這條美麗的海岸古道，能夠永續到天長地久。

崩壞的棧道

這種棧道，常會有落石，很危險的。

驚豔 阿塱壹（琅嶠 - 卑南古道）

出發整修木棧道了

將漂流木鋸成需要的寬度

用人工一根根地台上去

抬木頭搞到差點嗝屁的作者

這樣就輕鬆多了，早說嘛！

午休就在最高點小睡

好！完成了！收工！

阿塱壹後記

　　結束阿塱壹行程，若當天會在周邊住宿，或者時間還早，請別急著離開，因為附近或回程的路上，有許多值得您去體驗的東西，如：歸途的風景，當地的人文……等，可讓您在回程中細細品味。

第十五段　阿塱壹周邊景點

　　首先，當然先介紹環繞在阿塱壹四周的景點囉！有旭海的海邊、港仔的海邊、南田自行車（飛行傘）步道…等，有時間的遊客請參考參考，讓這次的古道之旅，能夠滿載而歸。

1.旭海的海邊

　　由旭海大巴停車場旁的小路，經過木麻黃樹林，直通旭海的沙灘海邊，即使沒事，光坐在沙灘上發呆，聽聽浪濤聲與一望無際的廣闊太平洋，不但心曠神怡，疲勞全消，還會有一股與世無爭的超然境界。

大巴停車場旁的小路

穿過木麻黃樹林

到達發呆的海邊

2. 港仔的海邊

　　上如果要去恆春，走台 26 縣鄉道，會經過叫「港仔」的村莊，在到達港仔村之前，以及過港仔之後，還有蠻多景點可以順道觀賞，以下，我就一一來介紹，但有些地方，大巴就不太方便，若是自行開車的朋友，不順道玩玩就太可惜了。

　　要過港仔，首先會經過滿州與牡丹鄉的交界線「大流橋」，大流橋下有一條潺潺小溪，溪的盡頭是一處很清幽小瀑布，也是發呆之處。早期這段路還是飛彈基地的管制區，不可經過與逗留，現在不但開放，還可以在此露營抓魚，所以年終時，許多人在此過夜，準備看隔天的第一道曙光，此處也是台 26 線較寬廣之地。

小溪遙望大流橋

大流溪盡頭的小瀑布

　　過了大流橋，在轉彎處，有一處稱為鯨魚噴泉的景點，若風大浪強，噴泉就越高，滿潮還可見到難得的雙噴泉，是不容錯過的好景點。

港仔鯨魚噴泉

難的一見的雙噴泉

　　在這裡，也可以遙望阿塱壹，回味一下剛剛艱辛的路途。

阿塱壹

遙望阿塱壹

　　看完了噴泉，繼續往南行，在進入港仔村之前，有一處 88 風災的見證亭，因為在 88 風災後，有一塊高雄小林村國小的牌匾，竟然越過三峽（台灣海峽、巴士海峽與太平洋）漂流到此處，因此建了一座風災見證亭。

88 風災見證亭

　　過了港仔村，就離開了台 26 線，進入台 200 線，開始走山路，在台 200 接近 35K 處，有一處反光鏡，背後剛好有樹緊貼反光鏡，遠觀好像一個人型反光鏡，也算是台 200 線中途的趣味插曲。

200 線的山路，有人型反光鏡

　　過了山路，將近到九棚村入口旁，有一處很清幽的小溪流，溪流旁的石壁，襯托出溪流的美，是一處夏天戲水之處。

清幽的小溪

小溪旁的石壁與橋

　　如果在小雨過後，行駛在山路中，即使坐在車上看山景，一樣會令人心曠神怡，因為雲霧被山困住，全停留在半山腰，無法離開，只能等待消散，形成一幅動人的山水畫。

雨後雲霧繚繞的山景

3. 自行車道之飛行傘公園

　　如果您是由南往北走古道，結束後當然必須經過南田，再到安朔，然後各奔東西，往右到台東，往左到高屏。到南田村之前，左邊有一處叉路，直接往山上的飛行傘公園步道，那裏有兩處觀景台涼亭，也是健行或賞日出的好景點，只是，大巴難行，遊客只好步行上山囉！

驚豔 阿塱壹（琅嶠 - 卑南古道）

飛行傘公園（自行車道）路標

自行車道之第一景觀台

往飛行傘公園的步道

山中的步道

自行車道之第二景觀台

飛行傘公園的涼亭

景觀台遙望南田村　　　　　　　　景觀台遙望阿塱壹

4.199 戊（原台九線）山路

　　在草埔森永隧道還未通車前，往來台東高雄的唯一道路，就是台九線，早期也是台灣最長的縣道，從台北的新店開始，到屏東的楓港結束，自從截彎取直以及隧道通車後，許多原有的台九路段，就由天干的（甲、乙、丙、丁、戊）來取代。如果您不趕路，在春夏時節，建議您走一趟台九戊，因為兩旁的美人樹，會開著粉紅色的花朵來歡迎您，整條公路美不勝收。

　　開完花後的美人樹，結實累累，好像木瓜，等它們成熟，就直接裂開，因為美人樹是木棉科，所以果實內都是棉花。

花顏色像櫻花的美人樹　　　　　　結實（左）與開花（右）的美人樹

美人樹的果實像木瓜

果實內的棉花

　　在台九戊接近最高點的右邊，有一間福德廟，若在此休息，請到旁邊的觀景台往下看，可見到新台九線的高架橋，這條高架蜿蜒曲折，酷似一條巨龍，因此這條高架橋的別名就叫做：「台東的巨龍」。

福德廟旁的觀景台

新台九高架的台東巨龍

在觀景台另一角度遙望群山

　　如果您是由南往北走古道，結束後當然必須在旭海上車，再行走199線道，經過牡丹到高屏，這時就建議您不妨往車城方向走，路程不會比走壽卡遠，而走車城路段，有以下的景點可以順道參訪。

5. 牡丹水庫

　　由旭海往車城方向，在經過中間路後的永久村，開始下山路時，往左下方，可以看見牡丹水庫全景，這裡的腹地很廣，大巴可以停在此處，讓遊客下車拍照，不過，還是得注意左右來車，避免出事。

牡丹水庫全景

　　下到山下，可以進入牡丹水庫停車場，讓滿水位的遊客上廁所洩洪，時間夠的話，也可以由活動中心進入，上水庫去逛逛。

　　在水庫下的公園，有一顆很特殊的樹，叫做臘腸樹，它的果實，就像一根根的臘腸，是一種少見的植物。

臘腸樹（樹上吊滿臘腸）

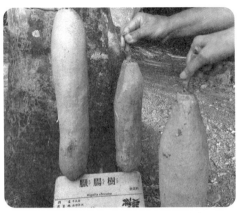

自動掉在地上的臘腸（不是我摘的）

　　上了水庫，可以在堤防上漫步，但是到了長階梯就必須下切，不可再往前走，因為那是水庫職員的辦公處與宿舍，外人禁止進入。

在堤防邊觀賞水庫

到長階梯就必須下切回程

守規矩的遊客

奇景！彩虹在腳下不在天上。

6. 四重溪溫泉公園

　　離開牡丹水庫，會經過石門古戰場（稍後在文史的段落會介紹），然後就到日據時代，四大溫泉之一的四重溪，為了發展觀光，屏東縣政府在半山腰建立了溫泉公園，可以免費泡腳。

　　整體而言，公園的日本味超濃，有種出國的感覺，而讓車城的農產品公仔「洋蔥寶寶」，穿上日本浴衣來迎客，台日合體，也算是公園的特色之一。

穿日本浴衣的洋蔥寶寶

溫泉公園入口

連廁所都有日本味

洗手台有狐狸（稻荷）與洋蔥

公園的泡腳池

公園的阿帕契郵筒

　　假如您還要在附近住一晚，又覺得走阿塱壹還不過癮，那以下就介紹幾個輕鬆的健行步道，讓各位操到爽。若想再繼續操到累翻，那就建議去走浸水營或里龍山，但這兩條路線必須長篇幅介紹，所以本書就不專程敘述囉！

7. 健行路線之龜山步道

　　如果說，恆春關山是世界十大日落景點之一，那我會建議排名的裁判，來龜山賞一下日落，或許龜山會擠進排名也未可知。

　　龜山步道，位於海生館旁邊，山並不高，卻擁有豐富的歷史遺跡，除了發現龜山遺址的先人生活用具外，還有許多舊軍事碉堡，穿梭在整座山裡，在觀賞日落的地點，還可以看到恆春半島的兩條沒口溪（保力溪與四重溪），遙望恆春最高山（里龍山）與旁邊的蚊罩山，更誇張的，在這裡還可以看到全世界最長，五公里的麥當勞，換個角度，也可以說是全世界最大的屁股。

　　當太陽慢慢沉入台灣海峽的片刻，眾人會響起歡呼聲，也代表一天的結束，準備迎接嶄新的明天。

龜山日落步道的登山口

登山木階梯

龜山古碉堡　　　　　　　整座龜山都有縱橫交錯的碉堡

驚豔 阿塱壹（琅嶠 - 卑南古道）

遊客可以在古碉堡中遊走

由碉堡的出口遙望海生館

四重溪

保力溪

在觀日點遙望沒口溪

看到五公里的麥當勞嗎？

里龍山

蚊罩山

比較看看就明白

重頭戲　夕陽出場

穿出雲層即將入海

夕陽入海準備下山

8. 健行路線之答厘島沙灘

　　這處位於滿州與恆春交界的景點，也是許多遊客，在夏季最喜歡來的戲水景點之一，除了有一大片無汙染的白沙之外，還有非常少見的地景「風積岩」，一般都聽過沉積岩，那是海水造成的，比較普遍，但是由風造成的風積岩就很少見了。要造成這種景觀，至少要超過一萬年以上，是

非常珍貴的。許多沒品的遊客見到這種特殊景觀，竟然爬上風積岩上面拍照。可知要造成這種景觀，需要萬年以上，但是要破壞，卻不需要一秒鐘，我就常常為了這些沒知識又沒品的遊客，動怒又報警了不下百次，恆春半島的每個秘密私房景點，都歡迎任何人來，但是，請大家遵守規矩，保持三不政策，「不亂丟垃圾、不破壞景觀、不撿拾石頭與貝殼」，使這些美好的景觀可以永遠保持，永續存在，讓我們的下一代也能欣賞到這些奇景。

滿州的答厘島沙灘

無汙染的細沙灘

珍貴的風積岩

需要萬年以上的風積岩

9. 健行路線之南岬步道

在恆春半島，絕對不缺美景，尤其是草原美景步道，據我所知，至少有七處以上。我現在要介紹的南岬步道，就位於太平洋畔，是七處的步道中，一條簡單又輕鬆的步道，就算是裝義肢或撐拐杖的人來走，都可以駕輕就熟，算是一條老少咸宜的步道。

若是秋冬季來走南岬，由於東北季風強勁，在草皮上會看到陣陣的草波浪，而在懸崖上的草皮，會形成少見的草瀑布，整條步道就在太平洋畔行走，伴隨著草原與涼風，是一條媲美阿塱壹的路線。

南岬步道旁的草原

步道上的草瀑布

步道緊鄰太平洋畔

步道有凸出的礁岩

整條步道都在草原中

看到雷達站就快到了

10. 健行路線之風吹砂

早期這段路是管制區，不但有警備總部駐守，也完全沒有道路可行，因此，以前的風吹砂，有全台灣獨一無二的沙河與沙瀑。

自從開放後，台26的佳鵝公路，直接切斷了沙河，使得沙子無法流通，有如人類的血管被阻塞一樣，漸漸地，沙子減少了，藤蔓類的植物茂盛了，沙河已乾枯，沙瀑已消失，現在的風吹砂，景觀已大大地不如從前，嚴格來講，風吹砂已不復存在，有的只是曚那粒沙（因為風大，大家的眼睛都被風沙吹到瞇成一條線），殊是可惜，現在只剩早期不到十分之一的沙，可供遊客憑弔風吹砂的過去而已。

風吹砂的沙丘

風吹砂斷截的沙瀑

風吹砂陵線

風吹砂山丘

風吹砂遙望佳樂水

11. 健行路線之七孔瀑布

　　恆春半島的夏天，總是會讓怕熱的遊客卻步，但是位於滿州永靖村的七孔瀑布，卻是一處去暑又清涼的步道，整條步道不但林蔭遮日，光是聽那溪流聲，就不禁暑氣全消。

　　七孔瀑布之名稱由來，顧名思義，這瀑布是由山頂的源頭往下形成一個水窪，當水窪滿水，往外溢流，形成另一個瀑布，再注滿一個水窪，又形成另一個瀑布，如此不斷重複，整座山，剛好形成七個水窪與七條瀑布，故名「七孔瀑布」。

　　到滿州永靖村，依指標來到這裡，只要付停車費即可，停好車，循著溪流聲往山裡面走，走到底，就能看見山腳下的第七孔瀑布，從這裡就要開始登山，坡度約八十到九十度，但是別怕，旁邊有繩子可以拉，只要慢慢來，不要急，一步一腳印，絕對可以上到第一孔瀑布，而七孔瀑布的標準濃縮版，就在第三與四孔之間，這裡是拍照熱門點，也是專辦水上活動機構的垂降遊戲場所。

七孔瀑布前的小路

第七孔的瀑布

第七孔瀑布就要開始攀繩登山

七孔瀑布的濃縮版

　　走在七孔瀑布的山路中，請眼觀四面，因為這裡有一些蠻特殊的植物奇觀，等待您去發掘，以下是我發覺到的奇觀，與各位分享。

骷髏頭樹幹

纏綿悱惻的樹幹

　　走在這條難度不算高的山路上，也不能太大意，否則一不小心，就會自然而然地配合七孔瀑布的名稱，摔個七孔流血。

　　有一些愛玩的遊客，在骷髏頭樹幹前，拿口紅往自己的七孔上畫條紋，假裝哭鬧，說她摔到七孔流血，還要我拍存證照。

假裝七孔流血的，就是她啦！

12. 健行路線之門馬羅

　　接下來要介紹的路線，除了是不錯的健行步道外，還有可供教學與研討的惡地形和少見的三劇場河階。到了山頂，還可見到少有的樹木迎親遺跡，以及生死不渝的植物界梁山伯與祝英台（或者說羅密歐與茱麗葉也行），沒聽過嗎？請待我一一分曉。

　　要前往門馬羅，先找到滿州永靖村，然後在台200線九公里處，早年紅片天的電影「海角七號」，茂伯的家拍攝現場對面小路進入，便可到達門馬羅。這名字並不是甚麼宗教團體取的，門馬羅其實是閩南語「摸無路」之意，因為早年小孩子會放牛到這裡吃草，黃昏時要找牛趕回家，但找到牛後，卻又找不到回家的路，當地的話語就叫「摸無路」。

月世界惡地形

門馬羅山丘遙望大尖山

　　在山丘上往下望，會看到一條隱藏在山裡，是台灣很少見，卻會讓地形的研究愛好者驚豔的三連劇場河階。

　　所謂的劇場河階，就是一條河流，不直直地流，偏偏要拐彎抹角，形成歐米茄的大寫數學符號（Ω），外圍的線條部分，像是觀眾席，而線條內圓圈圈的部分，就像是表演場所。河流彎成像羅馬競技場一樣，猶如河流界的髮夾彎。想像一下觀眾坐在河流的位置，看圈圈內競技場的格鬥表演，故稱之為「劇場河階」。

　　一般的河流，都會用最簡單的直流方式奔流，或者碰到堅硬的山壁，不得已再稍微轉個彎而已，若要形成一處髮夾彎式的劇場河階（台灣山區有好幾處），已經算是天賦異稟了，若要同時形成兩處，那更是人間少見，門馬羅竟然可以同時看到三處的劇場河階在一起，若非帶過地質學教授參訪門馬羅，由他指出河階的特色，我還真不知這裡有如此珍貴的地景。

看出三劇場河階地貌嗎

比較一下就能明瞭

　　在門馬羅的山上，也發生過可歌可泣、令人噴淚的愛情故事，只不過，男女主角不是人類，而是樹木，如前所述，簡直堪稱是植物界的梁山伯與祝英台。

　　話說在山上，有兩棵木麻黃比鄰而立，當地人都稱之為「夫妻樹」，長久以來都恩愛有加，在民國 98 年（西元 2009 年）的莫拉克颱風（88風災），造成南部災情慘重。夫妻樹的位置，原本就在山頂，因此受到四面八方來的強風侵襲，夫樹受傷，但還活著，妻樹直接腰斬，斷成兩截，當場往生，夫樹因此有不願獨活的念頭，眼看它逐漸枯萎，鄉公所的大德希望門馬羅的地標能枯木逢春，因此由外地搬來一棵雌株，種在原來妻樹的位置，讓夫樹續絃，還結紅彩，並在山上宴客，和一般百姓辦喜事沒兩樣，期望夫樹能堅強，和新婚妻樹能繼續成為門馬羅的地標。

　　但是，應該是夫樹太想念妻樹，也或許是續弦妻太幼嫩，夫樹沒多久

就隨妻樹而去，獨留新迎娶的嫩妻，在山頂寂寞度日，最後，連嫩妻也隨夫樹而去，徒留下門馬羅這段令人哀傷的樹木愛情故事。

88 風災前的夫妻樹

風災後妻樹斷成兩截

公所人員為夫樹結綵續弦

夫樹亡獨留續弦的嫩妻樹

最後只剩三株見證愛情的枯樹

在恆春，除了古城外，也不乏許多古文史景點，如果您對文史有興趣，以下介紹的幾處景點，有時間不妨去轉轉，或許會讓您對恆春有更深入的了解。

13. 文史之大水井

這裡的水井，或許是全台最大的，它的作用是洗瓊麻。恆春地區最早的瓊麻，是種在此處，只有六株，原產地是墨西哥，後來因為氣候適合，瓊麻越生越多，一部分便移植到恆春，目前恆春的瓊麻展示館，就是重要的移植地之一。

瓊麻早期也是當地居民重要的經濟來源之一，所以是恆春三寶之首，因為採收後，有一道手續必須洗瓊麻，因此開鑿了如此大的水井。

後來，塑膠繩崛起，瓊麻沒落，此處的瓊麻館就變成了糖廠，也多了一具大煙囪，所以要參訪大水井，只要往門馬羅的方向，看到左邊的大煙囪，就是大水井所在了。

洗瓊麻的大水井

水質好目前還在使用

舊瓊麻館也是舊糖廠

瓊麻館與水井的位置

作者帶小朋友認識家鄉文史

14. 文史之恆春瓊麻展示館

　　如前所述，恆春地區的瓊麻，是由滿州移植過去的，而位於恆春的瓊麻展示館，就是重要的移植點，展示館內除了有一大片的瓊麻外，還有介紹瓊麻製作方式與各種歷史，黃昏時候，也可以見到活生生的梅花鹿家族在覓食，就算見不到，在館內的最後面，還有梅花鹿的標本，比較特殊的是，這裡竟然有日本的鳥居，一般的鳥居，不是木頭就是石頭，這裡的鳥居，是很少見，用洗石子方式做出來的。

要參訪瓊麻展示館，只要由核三廠往大光方向，就能看到指標。

瓊麻館內的瓊麻園

以前的員工宿舍

少見的洗石子鳥居

梅花鹿標本

　　在梅花鹿標本館前面，保留著以前可以自動採取瓊麻纖維的自動採纖機房，機房底下的鐵軌，是早期在山上割完瓊麻後，直接放到台車上，再由山上把台車推下山，台車便像雲霄飛車一般，從山上自動滑到採纖機房，讓工作人員把瓊麻放到採纖機去採取纖維，所以，這鐵軌可是骨董鐵軌囉。

採纖機房的骨董鐵軌

15. 文史之民謠國寶 → 陳達故居

　　校園民歌的〈月琴〉，裡面有一段「老歌手，琴音猶在，獨不見恆春的傳奇」，就是在敘述民謠國寶「陳達老先生」，出生於 1905 年，因為右眼不好，常常泛紅，所以當地人稱他「紅目達仔」，1981 年在楓港不小心與公車相撞而不幸過世。

　　當時的恆春民謠，似乎不受青睞，所以陳老先生唱了老半天（聽說最遠騎著腳踏車，還到過高雄與台東獻唱），總是紅不了，最後在音樂家許常惠博士的推薦下，受到蔣經國先生的重視，陳老先生上過電視演唱，他那滄桑的音調，讓大家認識了有獨特唱腔的恆春民謠，從此，恆春民謠便大放光彩。

　　陳達老先生的銅像，在大光國小內，想參訪的話，請先得到國小內老師的同意，若遇到上課時間，請務必噤聲莫喧嘩。而陳達老先生的故居，就在附近的砂尾路，招牌特大，非常好找。

陳達老先生 1：1 的銅像

國小內月琴的模型

陳達老先生故居

16. 石門石板屋

恆春半島的石板屋，幾乎到處都有，例如：滿州老佛山、牡丹村池山、長樂萬里德山…等，其中最有名的，應該就是南仁山的石板屋了。現在要介紹的，是免申請又比較好找的牡丹鄉石門村的石板屋，其位置在牡丹水庫洩洪的竹社溪中段，由牡丹大橋旁的屏172鄉道進入，走到右邊有一尊高大威猛的原住民石像處，停好車，往石像的背後上山，大約四十分鐘左右，就可到達石板屋區，雖然只剩地基與部分石牆，但由石板區的範圍可知，當時這裡也是熱鬧非凡的部落之一。

看到石像就到入口處了

石板屋的石牆

石板屋的凹槽

疑似廚房的石板範圍

17. 牡丹社事件遺址

西元 1871 年（清同治十年，日本明治四年），一艘琉球國宮古島繳年貢的山原號，回程時遭遇颱風，船隻漂流至八瑤灣（現今之滿州鄉九棚灣），因誤闖排灣族領地又因雙方誤會而遭原住民出草。

西元 1874 年（清同治十三年，日本明治七年）日本聲稱替藩屬國人民討伐原住民，出兵台灣（當時琉球王國還不是日本領地）。這是日本自從明治維新以來首次對外用兵。

日軍進攻牡丹社時，在石門隘口，遇原住民用弓箭與推落石頭，來對抗日軍的槍砲，最後終於在裝備和人數劣勢下被迫撤兵，牡丹社頭目阿祿古父子身亡。攻入隘口後，日軍兵分三路掃蕩牡丹社、高士佛社、射不力社等原住民，沿途遇小規模抵抗，日軍佔領村落後，焚燒村屋並撤回登陸處。

事件至此，同治皇帝才派遣船政大臣沈葆楨為欽差大臣，以巡閱為名來台，與日軍交涉。日軍原本不想理會沈葆楨，但是因為當時日軍水土不服，加上瘧疾或其他病魔纏身，陣亡者才二十餘人，病歿的卻有六百五十餘人，又已耗軍費一千兩百六十餘萬日圓與購買運兵用船舶的七百七十萬日圓，感到無法再維持，因而答應和解，清國賠償五十萬兩白銀，十萬兩是撫卹琉球人，四十萬兩算是日軍出兵費用，事件到此落幕。

牡丹社事件是影響台灣近代史的重要事件之一，台 199 線道的歷史遺跡甚多，沿路都有指標可循，對歷史有興趣的遊客，不妨撥空參訪。

有人問我，牡丹社事件是不是台灣的第一起抗日事件，我認為，這事件是生在清朝，雖然是與日軍對抗，但應該算是衝突事件，並不能說是抗日事件，這和發生在日據時代的霧社事件或噍吧哖事件不同。

接下來就介紹牡丹社事件，在 199 縣道的重要景點，這些地方，都發

生過慘烈事件，如果各位到了這些歷史遺蹟，請勿大聲喧嘩，這也是對在
這裡過往的人的一種尊重。

紀念事件的高士佛神社

作者正在解說事件始末

牡丹的石門隘口

牡丹社事件的牌樓

介紹牡丹社事件的壁畫

　　介紹牡丹社事件的牌樓，最初的設計，有原住民推石頭對抗日軍，以及日軍被石頭砸的雕像，現在推石頭的雕像已移到旁邊圍牆的上面，如果沒人說明，遊客應該不明白這有甚麼涵意，或許還會以為是介紹當地部落要建築什麼，才會搬運石頭哩！

原住民用弓箭對抗日軍

最初設計的原住民推石頭砸日軍雕像

日軍被亂石攻擊

現在推石頭圖樣已移到牆上

百步蛇圖騰也移到樓梯邊

在牌樓邊，順著百步蛇圖騰旁邊的階梯，可直達牡丹社事件的文史館（是用廢棄軍營的閒置空間改裝的），在文史館內，有介紹事件的始末與相關的相片，讓大家了解台灣先民對抗日軍的血淚史。

順著百步蛇階梯往上走，可到達介紹事件的文史館。

文史館內的開關，會亮十分鐘後，自動關燈。

因事件犧牲的頭目阿祿古父子雕像　　　　古戰場公園

早期的紀念碑（翻攝自文建會資料）　　後來的紀念碑內容完全不同　　現在的紀念碑字已全被挖空

底下有介紹紀念碑的始末

琉球人墓的指標　　　　　　　照指標進入即可

沿著小路走到底

先經過園區指標

到達琉球人墓

墓碑座有五十四位琉球人名

回程

　　以上介紹的景點，應該夠各位玩個一兩天了，最後，在離開恆春時，在路邊也有特殊景點，可以讓各位在回程中不會無聊。

　　離開恆春往北走，一定會經過楓港，到楓港時，請往前看，就可以看到一隻斜趴在路邊的獅子山，我稱它為「望海獅子」，當車子經過望海獅子的嘴巴端，可以看到獅子的三顆牙齒。

　　繼續往前行，又有一支比較嫩的獅子頭（只有頭而已），這裡也是獅子鄉獅子村的入口處。

　　接下來，就是獨一無二的「人面獅身像」了。幾年前，有位外國遊客到墾丁玩，路過人面獅身像，吃驚之餘，回國後，把相片寄到相關的外星人協會，說甚麼他在墾丁看到外星人基地，台灣媒體也隨之大肆報導，電視節目也拿來作文章，尤其是一些名嘴，竟然把它和嘉明湖串聯，說甚麼這裡確實是外星基地。真是 #@$*+# ！各位，想看外星基地嗎？來吧！或許您真的能看到飛碟與外星人也說不定。

　　而獅子鄉也是因為有這些酷似獅子的山，故名為獅子鄉。

優雅的望海獅子

獅子臉
獅子嘴
獅子頭
獅子前腳

看出獅子的樣子嗎

望海獅子的三顆牙齒

獅子頭

獅子頭位置圖

人面獅身像

人面獅身像對照圖

人面獅身的黑眼球與眼白

以上解說完畢，祝各位行程平安，旅途愉快，收穫滿滿！

驚豔 阿塱壹（琅嶠 - 卑南古道）

走古道之注意事項

事項說明：

1. 一個月內，一星期前，請在縣府網站申請進入。

2. 遵守一切規定，勿丟垃圾、勿折花木、勿撿石頭、勿脫隊、勿炊煮食物或茶水。請記得，不屬於保留區的，就不要留下；是保留區的，請勿帶走。

3. 颱風或豪雨過後，溪水暴漲，多處會有瀑布沖刷路面，為了各位的安全，解說員會視情況前進或撤退，請配合解說的專業決定。

4. 進入古道，請穿著長袖衣物與長褲，以避免樹枝刮傷或蚊蟲咬傷，夏季就穿著薄衣物，但還是以長袖衣褲為主。

5. 請穿著防滑鞋，鞋底一定要有牙齒，建議別穿平平無牙的鞋，尤其在下雨天，可減少滑倒的機率。

6. 請自備午餐（不建議帶便當，因為便當盒與骨頭，會造成垃圾量太大），茶水與雨衣，風大的時候，不建議撐傘。

7. 嚴禁攜帶寵物與無人機，違規者在稽查站就會被請回。

申請方式之路徑

1. 需於屏東縣府官網預約申請，在開放三十日內或進入日期之八天前提出申請。

2. 進入後點選「屏東縣政府全球資訊網」。

3. 接著請點選項目欄中的「觀光旅遊」選項。

4. 在下拉選項中，點選「旭海觀音鼻自然保留區」。

5 接著在左邊的項目，點選「預約申請」。

6. 點進去後，會出現注意事項，請詳細閱讀後，在最下方，勾選「閱覽完畢，我同意依規定進入網頁申請」，然後再點選「我同意」。

7. 接著就依指示，先填入申請人資料，換頁後，繼續填其他團員的資料，然後點選解說員，就可送出。請千萬注意，古道申請的人數，每十五位團員，必須配一位解說員，超過就必須再多一位解說員，也就是說，如果申請十六位，就和申請三十位一樣，必須要兩位解說員，依此類推。而進入的人數，除了解說員不算之外，不論您是領隊或導遊，都一樣要算在進入的人數中，沒有例外。

8. 申請通過後，縣府會在申請人與所點選的解說員網站上通知，請申請人與解說員互相約定會合地點與時間。

9. 特別注意，請勿用外掛，或複製貼上的方式申請，否則就算當下申請通過，事後被抓到，也會被縣府直接逕行取消。在熱門的日子裡，全國都在搶名額，建議您可以請幾位打字高手，在一個月前的半夜，分開申請，也就是說，十五位申請一張，否則若全部一次申請，因為名額有限，很容易秒殺，等您全部打好資料，或許已經沒名額了。

最後，祝福大家，都能申請成功，來一段豐富的古道之旅。

若有任何相關問題，也歡迎隨時來電，咱們互相研討。

解說項目:1.半島特殊景點探訪
　　　　　2.歷史事件巡禮
　　　　　3.古城結構認識
　　　　　4.傳說與神秘事件尋根
　　　　　5.星座認識與神話故事
　　　　　6.季節性解說(陸蟹、灰面鷲..等)

國家圖書館出版品預行編目資料

驚豔阿塱壹：琅嶠—卑南古道／曾宏泰著 . -- 1 版 . --
新北市：華夏出版有限公司, 2022.05
　　　面；　　公分 . -- (Sunny 文庫；222)
ISBN 978-986-0799-93-4(平裝)
1.CST: 生態旅遊 2.CST: 阿塱壹古道

　　　733.9／135.69　　　111000652

Sunny 文庫 222

驚豔阿塱壹：琅嶠—卑南古道

著　作　曾宏泰
印　刷　百通科技股份有限公司
　　　　電話：02-86926066 傳真：02-86926016
出　版　華夏出版有限公司
　　　　220 新北市板橋區縣民大道 3 段 93 巷 30 弄 25 號 1 樓
　　　　電話：02-32343788　傳真：02-22234544
E-mail：pftwsdom@ms7.hinet.net
總 經 銷 貿騰發賣股份有限公司
　　　　新北市 235 中和區立德街 136 號 6 樓
　　　　電話：02-82275988　傳真：02-82275989
　　　　網址：www.namode.com
版　次　2022 年 5 月 1 版
特　價　新台幣 750 元 (缺頁或破損的書，請寄回更換)

I S B N：978-986-0799-93-4